Rowohlt Verlag GmbH, Kirchenallee 19, 20099 Hamburg

Kontaktadresse nach EU-Produktsicherheitsverordnung:
produktsicherheit@rowohlt.de

rororo sport
Herausgegeben von Bernd Gottwald

Peter Schreiner

Fußball – Kinder- und Jugendtraining

Die besten Trainingseinheiten
Empfohlen von der Deutschen Fußball-Akademie
und dem Institut für Jugendfußball

Rowohlt Taschenbuch Verlag

www.ifj96.de

13. Auflage August 2021

Originalausgabe
Veröffentlicht im Rowohlt Taschenbuch Verlag,
Reinbek bei Hamburg, November 2001

Fotos Peter Schreiner
Grafiken Daniel Sauthoff, Hamburg
Umschlaggestaltung any.way, Barbara Hanke / Cordula Schmidt
(Foto: Tony Stone Images, Andrew Olney)
Satz Minion und Syntax PostScript (QuarkXPress 4.11)
bei CPI books GmbH, Leck
Druck und Bindung BoD - Books on Demand GmbH,
Norderstedt, Germany
ISBN 978 3 499 61015 8

Inhalt

Kleine Abschlusswettspiele 43

Spiele für die Halle 70

Aufwärmdrill – Trainingsbeispiele 80

Vorwort von Jürgen Klinsmann

Liebe Fußballfreunde,

der Straßenfußball und unsere Bolzplätze sind größtenteils dem Wohnungsbau und vor allem dem Auto zum Opfer gefallen. Dadurch wird das Training in allen organisierten Bereichen im Verein und in der Schule immer wichtiger.

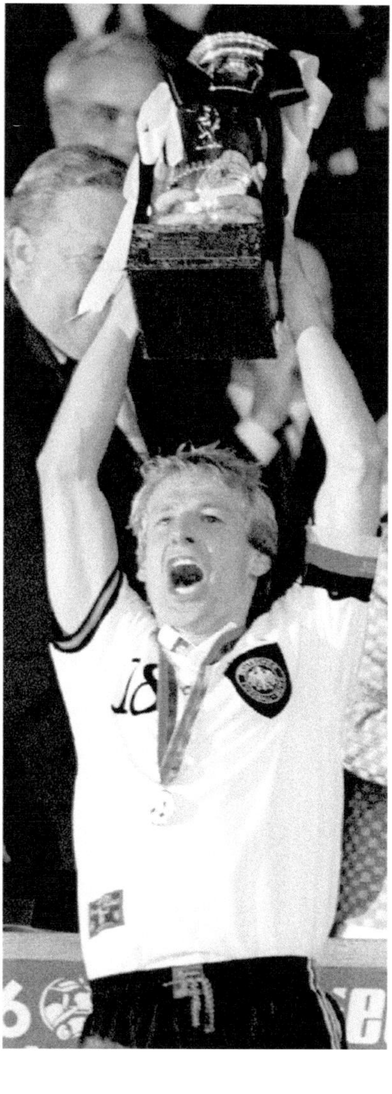

Deshalb ist es toll, dass es Peter Schreiner gelungen ist, mit seinem dritten Buch wertvolle Anregungen für ein kindgerechtes Fußballtraining zu geben.
Im heutigen durch den Profizirkus überstrahlten Fußball ist vielen nicht bewusst, dass eigentlich der Jugendtrainer wesentlich bedeutsamer ist als jeder Profitrainer. Er ist gleichzeitig Trainer, Psychologe, Lehrer, Kumpel und oft auch Vater in einem. Er hat große Verantwortung für die geistige und körperliche Entwicklung von Kindern und Jugendlichen.

Die Jugend von heute wird mit viel mehr Aufgaben konfrontiert und belastet als noch die Generation zuvor. In einer von der Medienwelt beeinflussten Gesellschaft wird es mittlerweile immer problematischer, das Richtige vom Falschen zu unterscheiden!
Deswegen ist es umso wichtiger, dass Kinder und Jugendliche im Fußball die Möglichkeit erhalten, altersgerecht zu trainieren und eine optimale Fußballausbildung zu bekommen.
Peter Schreiner gibt dazu zahlreiche Tipps aus seinem riesigen Erfahrungsschatz im Bereich des Kinder- und Jugendfußballs. Seine Videos und Bücher finden über Deutschland hinaus große Anerkennung.

Allen Lesern wünsche ich viel Spaß bei der Lektüre dieses Buches und vor allem danach bei der Umsetzung auf dem Fußballplatz!

Herzlichst
Euer

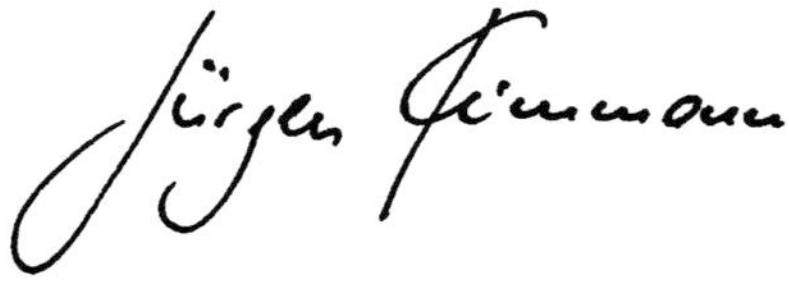

Dank

Mein besonderer Dank gilt **Gerd Thissen**, der mir nicht nur mit seiner Fachkompetenz beratend zu Seite stand, sondern auch zahlreiche wertvolle Anregungen zu Trainingsinhalten, methodischen Hinweisen und Trainingsformen gab. Hierbei konnte ich auf seine langjährigen Erfahrungen im Bereich des Kinder- und Jugendfußballs zurückgreifen.

Ebenso möchte ich mich auch bei **Achim Nohlen**, **Uwe Kiefer** und **Andreas Pallasch** von der Deutschen Fußball-Akademie bedanken, die neue Übungen und Spiele erprobten und mit ihren Trainingsgruppen zu den Fotoaufnahmen zur Verfügung standen.

Einführung

«Gibt es zu diesem Seminar auch fertige Trainingseinheiten?»

Diese Frage wird mir sehr häufig von Jugendleitern und Jugendtrainern im Rahmen meiner Trainerseminare für Vereine gestellt.

Warum haben so viele Trainer den Wunsch, komplette und sofort umsetzbare TE zu bekommen?

Zum einen haben sie eine große Unsicherheit, aus den Seminarthemen schlüssige TE zu bilden, häufig fehlt ihnen jedoch auch die Zeit, interessante Übungen aus einer Vielzahl von Büchern und Zeitschriften in einen sinnvollen Trainingsplan zusammenzustellen.

Ausgewählte Themen

In diesem Buch werden kleine Serien von TE zu ausgewählten Themen vorgestellt. Ihr Hauptteil enthält praxiserprobte Trainingsformen, konkrete methodische Hinweise und klare Übungsbeschreibungen. Es geht in diesem Buch also nicht um eine große Anzahl von knapp skizzierten TE, sondern um TE, die möglichst:

- umfassend (ausführliche Beschreibung mit möglichen Alternativen) und leicht verständlich (einfache Sprache) beschrieben,
- anschaulich (Bilder und Zeichnungen) dargestellt
- und somit sofort umsetzbar sind.

Dieses Buch ist wie ein Nachschlagewerk aufgebaut. Sie müssen es also nicht von vorne bis hinten lesen, sondern können Spiele oder Übungen auswählen, die Sie im nächsten Training ausprobieren möchten.

«Ernennung» zum Jugendtrainer

- Sie sind mehr oder weniger zufällig zum Jugendtrainer «ernannt» worden.
- Ihr Sohn spielt in einer Mannschaft bis zur D-Jugend.
- Sie haben sehr lange in Ihrem Stammverein gespielt und möchten der Jugendabteilung helfen, indem Sie sich als Jugendtrainer zur Verfügung stellen, nachdem Sie über einen sehr langen Zeitraum gebeten wurden. Sie können nicht mehr ablehnen, ein Traineramt zu übernehmen.
- Sie haben nicht die Zeit, eine Trainerlizenz zu erwerben und sich regelmäßig fortzubilden.
- Sie suchen Trainingstipps sowie leicht verständliche und sofort umsetzbare Übungen für Ihr Training.

Dann sind Sie der typische Jugendtrainer, der für einen begrenzten Zeitraum (ca. 2 bis 3 Jahre) die Ausbildung unseres Fußballnachwuchses mitgestaltet.

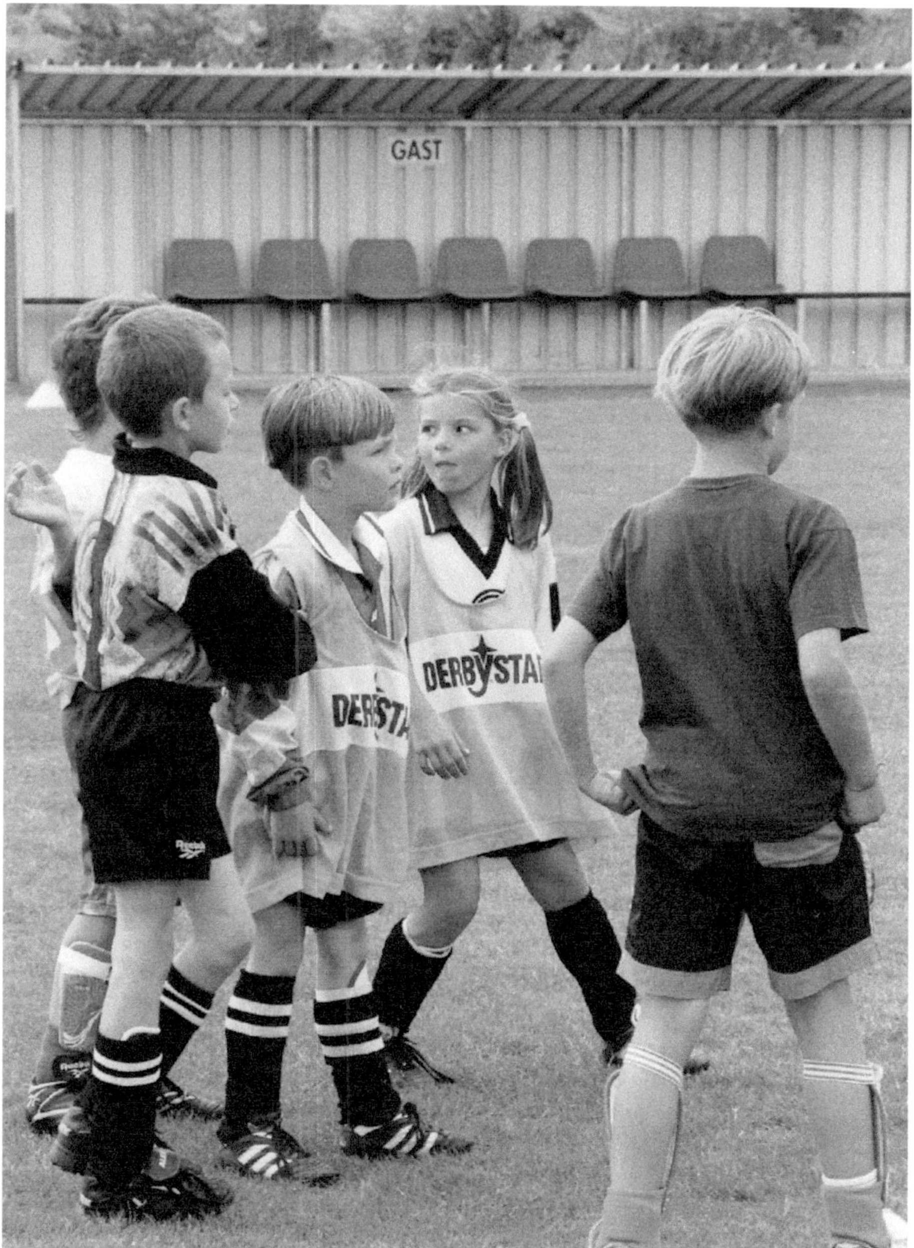
GAST
DERBYSTA

Ich würde mich sehr freuen, wenn ich Ihnen mit diesem Buch Anregungen zu einem abwechslungsreichen und kindgemäßen Fußballtraining geben könnte.

Ihr Peter Schreiner

Training mit Kindern und Jugendlichen

Grundsätze im Kinder- und Jugendtraining

«Kindertraining ist kein reduziertes Erwachsenentraining!»

Was bedeutet dieser Satz konkret für die Trainingsgestaltung und die Betreuung während der Wettkämpfe?

Folgende Grundsätze gelten für ein Training, das die Besonderheiten des Kinder- und Jugendfußballs berücksichtigt:

Erlebnisorientiert und motivierend trainieren

Das Fußballtraining mit Kindern sollte erlebnisorientiert und motivierend sein. Es berücksichtigt das Alter der Kinder und ihre Entwicklungsstufe bei der Auswahl der Übungen. Erklärungen sind auf das Sprachniveau der Kinder abgestimmt.

Ball in den Mittelpunkt stellen

Bälle haben einen hohen Aufforderungscharakter für Kinder. Dadurch sind alle Spielformen mit Ball immer sehr motivierend und erlebnisreich für sie. Dies macht den Einsatz vieler Bälle notwendig (am besten für jeden Spieler einen Ball!), damit die Zahl der Ballkontakte möglichst hoch ist.

Keine langen Schlangen

Kinder haben ein natürliches Bewegungsbedürfnis. Der Trainer sollte den Kindern daher im Training reichlich Gelegenheit geben sich auszutoben. Erklärungen sollten daher so kurz wie möglich sein, damit die Kinder nicht zu lange ruhig stehen müssen. Lange Schlangen verhindern die notwendige Übungsintensität.

Spielregeln vereinfachen und verändern

Um mit Anfängern Fußball zu spielen, benötigt man nur wenige, grundlegende Spielregeln, die möglichst verständlich erläutert werden. Der Trainer kann auch Zusatzregeln vorgeben, damit geübte Techniken besonders belohnt werden. Z. B. könnten Kopfballtore innerhalb einer Trainingseinheit zum Kopfball höher gewertet werden als Tore mit dem Fuß.

Kleine Mannschaften bilden

Spiele und Spielformen mit kleinen Mannschaften sind für Kinder taktisch überschaubar, die Ansprüche an ihre Technik sind geringer, und jeder Spieler wird für die Mannschaftsleistung gebraucht. Dadurch ist das Spiel für alle Teilnehmer intensiv und interessant zugleich, denn alle Spieler sind unmittelbar am Sieg oder an der Niederlage ihrer Mannschaft beteiligt.

Jedes Kind hat viele Ballkontakte und ist aktiv ins Spielgeschehen eingebunden. Ein weiterer Vorteil von kleinen Mannschaften ist die Tatsache, dass alle Kinder zwangsläufig Angriffs- und Abwehraufgaben übernehmen müssen. Dadurch erhalten auch leistungsschwächere Spieler eine verantwortungsvolle Rolle innerhalb ihrer Mannschaft.

Spiel- und Trainingsfelder begrenzen

Ein begrenztes Spielfeld ist für Kinder überschaubar. Die sich ergebenden Spielsituationen und Aktionen in Angriff und Abwehr bleiben somit für alle Kinder übersichtlich und nachvollziehbar.

Sämtliche Spielaktionen laufen zwangsläufig in Tornähe ab, so dass tornahe Angriffs- und Abwehrsituationen ständig wechseln und sich für jeden Spieler viele Torschussgelegenheiten ergeben.

Das Spielfeld sollte mit zunehmenden Alter der Kinder immer größer werden.

Alle Kinder mitspielen lassen

Im Training sollten möglichst viele Kinder gleichzeitig und gleich lange üben und spielen können. Zuschauen reduziert sehr schnell Spaß und Begeisterung. Außerdem sind angestrebte Lernerfolge nur bei möglichst hoher Übungs- und Spielbeteiligung zu erreichen.

Auch bei den Wettspielen gegen andere Mannschaften sollte der Trainer darauf achten, dass alle Spieler zum Einsatz kommen – nicht nur die besten!

Individuelle Spiel- und Erfolgserlebnisse fördern

Die individuelle Spielleistung und der persönliche Erfolg des Einzelnen sind ebenso zu betonen wie der Erfolg der Mannschaft.

Doch der Trainer sollte auch berücksichtigen, dass Spielwitz und Kreativität einzelner Spieler auf Dauer nur zum angestrebten Tor- und Spielerfolg führen, wenn die Mitspieler als Partner zum Zusammenspiel einbezogen werden.

Wettkampfnahe Lernsituationen schaffen

Lerneifer und Leistungswille sind besonders dann sehr groß, wenn das Training einen unmittelbaren Bezug zum Wettkampf hat. Übungen sollten daher aus dem Fußballspiel abgeleitet und möglichst wettkampfnah gestaltet werden.

Für das Fußballspiel typische Spielsituationen auswählen

Das Grundprinzip des Fußballspiels lautet: Tore erzielen und Tore verhindern. Möglichst viele Spielformen sollten diese für Kinder leicht verständliche Spielidee des Fußballspiels in den Mittelpunkt stellen. Herausspielen von Torschussmöglichkeiten und Abschirmen des Tores lauten die Grundanforderungen, die für Kinder leicht umsetzbar sind.

Unterschiede der Kinder berücksichtigen

Der Trainer sollte die unterschiedlichen Leistungsvoraussetzungen, Erwartungen und Interessen der Kinder berücksichtigen. Unterschiedlich talentierte und fußballerfahrene bzw. fußballinteressierte Kinder sollten zu ihrem Fußballspiel finden können. Einige Kinder wollen sicherlich nur Fußball spielen, während andere viel lernen möchten, weil sie das Ziel verfolgen, Fußballprofi zu werden.

Geeignete Trainingsgeräte benutzen

Ein guter Handwerker benötigt für seinen Beruf geeignetes Werkzeug, damit er seine Arbeit sauber und genau ausführen kann. Ein guter Trainer benötigt geeignete Trainingsgeräte, damit sein Training effektiv und erfolgreich ist.

Kinder lernen Fußballtechniken dann besonders gut, wenn ihr Krafteinsatz bei der Ausführung nicht zu groß ist, denn mit zunehmendem Kraftaufwand nimmt die Präzision ab. Daher haben sich im Kindertraining Lightbälle (geringeres Gewicht) und kleinere Bälle sehr bewährt.

Dies schafft Erfolgserlebnisse und führt zu großen Lernfortschritten.

Außerdem benötigt der Trainer zahlreiche Trainingshilfen, die ein vielseitiges Training erst möglich machen.

Kinder- und Jugendtraining sollte:

- eine breit angelegte Bewegungserziehung (Laufen, Toben, Kriechen, Hüpfen, Springen sowie Werfen und Schießen von Bällen) sicherstellen,
- Lernprozesse in Gang setzen und das vorhandene Talent der Spieler voll entwickeln,
- viele Erfolgserlebnisse vermitteln,
- Selbstvertrauen und Selbständigkeit der Kinder fördern,
- Freude am Fußball wecken und erhalten.

Vermittlung von Trainingsinhalten

Wie vermittelt der Trainer den Kindern die Trainingsinhalte (Fußballtechniken, Fußballtaktik), erklärt Übungen und gewährleistet, dass die Kinder möglichst viel lernen? Folgende Methoden stehen zur Auswahl:

Vormachen:
Ohne große Erklärungen kann der Trainer Bewegungen vormachen oder von einem Spieler demonstrieren lassen. Die Kinder versuchen, die gesehene Technik möglichst präzise nachzumachen. Dies ist eine ökonomische und schnelle Art der Vermittlung von Bewegungen.

Bewegungsanweisung:
Mit Bewegungsanweisungen legt der Trainer genau fest, was die Kinder tun sollen, und lässt keine eigenen Lösungswege zu.

Beispiel: «Nimm den Ball und schieß ihn mit der Innenseite zu deinem Partner. Die Fußspitze sollte dabei nach außen zeigen.»

Bewegungsaufgabe:
Damit Kinder eigene Ausführungsarten testen und erproben können, sollte der Trainer möglichst häufig Bewegungsaufgaben geben, die die Kreativität der Kinder berücksichtigen.

Beispiel: «Versuche, mit deinem Ball so schnell wie möglich um das Hütchen herumzudribbeln. Überlege dir, wie du den Ball in die neue Richtung bewegst.»

Freies Spiel:
Im freien Spiel erhalten die Kinder die Möglichkeit, vielfältig Bewegungen, gelernte Techniken und neue Lösungen auszuprobieren.

Es dient den Spielern also als Experimentierfeld für kreatives Handeln. Der Trainer sollte deshalb Versuche der Spieler, die nicht sofort erfolgreich ablaufen, sensibel korrigieren und gelungene Ansätze sofort loben und hervorheben. Die Spieler lernen darüber hinaus, sich mit anderen Kindern zu verständigen und Regeln sowie Absprachen zu akzeptieren.

Die Methoden bei der Vermittlung von technischen Fertigkeiten und taktischen Fähigkeiten ergänzen sich sinnvoll. So führt eine Bewegungsaufgabe häufig zu einer Bewegungsanweisung, die mit einer Vorführung durch den Trainer oder eines Spielers verbunden ist.

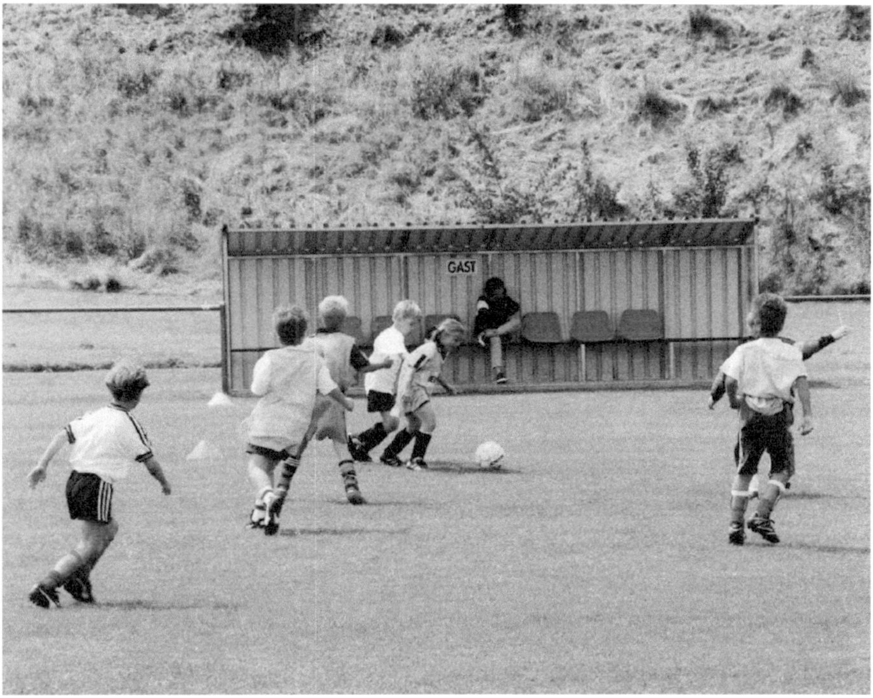

Anschließend erhalten die Spieler die Gelegenheit, die gelernten Inhalte im Spiel zu erproben.

Wann beherrschen die Spieler die gelernten Techniken auch im Wettkampf?

Der Prozess des motorischen Lernens vollzieht sich in drei Phasen:

a) Die Spieler erlernen den Grundablauf einer Bewegung in der Grobform.
b) Durch weiteres Üben mit gezielter Korrektur durch den Trainer erwerben sie die Feinkoordination der Bewegung.
c) Eine sehr wichtige (doch häufig vernachlässigte) Phase ist die Stabilisierung und Automatisierung der gelernten Bewegung (vgl. Aufwärmdrill!).

Häufig dauert es jedoch Monate oder sogar Jahre, bis im Training geübte Techniken auch im Pflichtspiel (Meisterschaft / Pokal) sichtbar sind. Die Arbeit des Jugendtrainers erfordert daher sehr viel Geduld.

Aufbau der Trainingseinheiten

Die in diesem Buch beschriebenen TE sollen Ihnen eine kleine Orientierungshilfe geben und Ihnen helfen, weitere TE selbst zu entwickeln. Die Gewichtung der einzelnen Trainingabschnitte und der damit verbundene Zeitbedarf richten sich nach den Trainingszielen und dem Alter sowie dem Leistungsstand der Kinder.

Im Normalfall dauert eine TE zwischen 60 und 90 Minuten.

Jede TE besteht aus den folgenden Phasen:

A) Einstimmen-Aufwärmspiele (5–10 Min.)
B) Aufwärmdrill (5–10 Min.)
C) Koordinationstraining (5–10 Min.)
D) Hauptteil mit einem Schwerpunkt-Thema (20–30 Min.)
E) Abschluss-Spiel / Wettkampf (20–30 Min.)

EINSTIMMEN – AUFWÄRMSPIELE

Inhalte und Methoden des Erwachsenentrainings lassen sich nicht problemlos auf das Kinder- und Jugendtraining übertragen!

In erster Linie verfolgt ein kindgemäßes Aufwärmen eine freudvolle Einstimmung auf das Training. Hierzu eignen sich besonders kleine Aufwärmspiele (vgl. Seite 25–42), denn Kinder haben einen sehr starken, natürlichen Bewegungsdrang. Deshalb sollte ihnen der Trainer schon im ersten Teil des Trainings die Möglichkeit bieten, sich auf spielerische Weise auszutoben.

Ein kindgemäßes Aufwärmprogramm sollte folgende Punkte berücksichtigen:

- Vermeide lange Erklärungen.
- Setze Spiele und Spielformen schnell in Gang.
- Verwende Aufwärmspiele mit einfachen Spielregeln und hohem Aufforderungscharakter zur Bewegung.
- **Alle** (!) Kinder sind in Bewegung – keiner scheidet aus.
- Bei Aufwärmspielen steht die Freude an der Bewegung vor dem Wettkampfcharakter. Das Spiel an sich sollte motivieren und nicht das Gewinnen eines Wettbewerbs. Gut geeignet sind Spiele ohne Gewinner, wie «Pest in Venedig», «Autorennen» und «Aufwärmkontakt».

Kinder und Jugendliche haben eine hohe Flexibilität von Muskeln und Gelenken. Erst mit Einsetzen der Pubertät nimmt ihre Beweglichkeit ohne spezielles Gymnastikprogramm wieder ab.

Daher verfolgt das Aufwärmen bis zur E / D-Jugend im Wesentlichen zwei Ziele:

- Einstimmen und Vorbereiten auf die Schulung technischer bzw. koordinativer Elemente in spielerischer Form.
- Kleine Spiele mit oder ohne Wettkampfcharakter erfüllen eine wichtige soziale Funktion und vermitteln den Kindern den Mannschaftscharakter der Sportart Fußball.

Aufwärmen mit demotivierenden Stretchingübungen oder dem klassischen «Einlaufen» ohne Ball im Sinne einer Verletzungsprophylaxe ist für Kinder nicht notwendig. Lediglich aus pädagogischen Gründen (Verhaltens- und Charakterschulung!) sollte den Spielern mit zunehmendem Alter klar werden, dass das Aufwärmen ein fester Bestandteil im Training und vor dem Wettkampf ist!

AUFWÄRMDRILL

Nach der ersten Phase mit kleinen Spielen, die den kindlichen Bewegungsdrang und Spieltrieb ansprechen, sind die Spieler extrem sensibel und lernfähig. Wichtige Basisübungen (z. B. Dribbeln, Finten und Pass-Folgen) mit einer mittleren Intensität, verpackt in motivierende Übungs- oder Spielformen, bieten die Möglichkeit, folgende Ziele schon im Aufwärmprogramm zu erreichen:

- Die Spieler verbessern im Aufwärmprogramm ihre Fußballtechniken, indem sie gelernte Bewegungsmuster mit einer hohen Wiederholungszahl automatisieren.
- Regelmäßiges Wiederholen wichtiger Bewegungsformen gibt den Spielern die notwendige Sicherheit für den Wettkampf.
- Die Drillübungen bereiten die Spieler auf die Übungen mit einer hohen Intensität vor.
- Trainingszeit wird optimal genutzt!

Wie ein Tennisspieler, der wichtige Bewegungsformen regelmäßig wiederholt, sollten auch Fußballer gelernte Bewegungen schon im Aufwärmprogramm ständig automatisieren. Je nach Alter der Spieler sollte der Trainer für den Aufwärmdrill zwischen 5 und 10 Minuten reservieren.

Drill widerspricht in keiner Weise der kindlichen Vorstellung von Fußballtraining. Erfahrungsgemäß mögen Kinder und Jugendliche einfache und motivierende Übungsformen, die ihnen Erfolgserlebnisse vermitteln und einen langfristigen Erfolg ermöglichen.

Die Übungen im Aufwärmdrill sollten die folgenden Kriterien erfüllen:

- Der Ball steht im Vordergrund, denn gelernte Bewegungsmuster mit Ball sollen automatisiert werden.
- Der Trainer stellt Trainingsinhalte abwechslungsreich und systematisch zusammen.

KOORDINATIONSTRAINING

Nach einer ausführlichen Einstimm- und Aufwärmphase sind die Spieler vorbereitet auf intensive Übungen zur Verbesserung der allgemeinen und fußballspezifischen Koordination. Diese für die Entwicklung von Höchstleistung wichtige Phase sollte einen festen Platz im Jugendtraining erhalten.

Trainingsinhalte des Koordinationstrainings sind Übungen zur Verbesserung:

- der Laufkoordination,
- der Koordination von Armen und Beinen,
- der Anwendung von Fußballtechniken unter erschwerten Bedingungen
- der Sprint- und Reaktionsfähigkeit
- der Rhythmusfähigkeit.

Im Gegensatz zum Automatisieren von Bewegungen im Aufwärmdrill verfolgt die Trainingsphase «Koordination» das Ziel der vielseitigen Anwendung gelernter Techniken unter erschwerten Bedingungen (Zeitdruck, Zusatzaufgaben).

Koordinative Ergänzungsübungen dürfen in keinem Training fehlen. Die beste Zeit dazu ist die Phase nach dem Aufwärmen.

HAUPTTEIL MIT SCHWERPUNKT-THEMA

Jedes Training sollte unter einem Leitthema stehen. Der Hauptteil gibt das Ziel der TE an, und das Schwerpunkt-Thema zieht sich, wenn möglich, durch die gesamte TE.

Auswahl der Themenschwerpunkte in diesem Buch:

- Ballgefühl – Dribbling
- Jonglieren
- Ballan- und -mitnahme
- Passen-Doppelpass
- Kopfball
- Torschuss
- Hallentraining

Die Inhalte der übrigen Phasen bilden den Rahmen um den Hauptteil. Sie lassen sich variabel und vielseitig um den Hauptteil anordnen.

Damit kann der Trainer aus den Mustereinheiten weitere TE bilden und diese auf seine Trainingsgruppe zuschneiden. Er berücksichtigt das Alter und die Leistungsfähigkeit und achtet darauf, dass er die Spieler nicht über- oder unterfordert.

Eine TE mit dem Schwerpunkt-Thema «Verbesserung der Dribbeltechniken» könnte z. B. aus folgenden Inhalten bestehen:

- Dribbelspiel
- Drillform, die gelernte Dribbeltechniken automatisiert (z. B. Dribbeln im Zick-Zack),
- Koordinationstraining – Dribbeln mit zwei Bällen,
- Hauptteil – Lernen neuer oder Verbesserung / Anwenden von gelernten Dribbeltechniken.
- Abschluss-Spiel / Wettkampf: Dribbling gegen Jongleure.

ABSCHLUSS-SPIEL/WETTKAMPF

Jedes Training sollte damit enden, dass die Spieler frei spielen und wetteifern. Der Trainer räumt in dieser Phase die Möglichkeit ein, gelernte Techniken im Wettkampf anzuwenden. Mögliche Fehler sollte er sehr sensibel korrigieren und den Spieler auf jeden Fall ermutigen, neue Techniken auch in der Zweikampfsituation zu erproben. Kreative Spieler benötigen einen Trainer, der ihnen den Freiraum zu Experimenten bietet und Kreativität nicht durch Kritik und Angst vor Fehlern im Keime erstickt.
Mögliche Abschluss-Spiele:

- Freies Spiel (4 gegen 4 bis 8 gegen 8)
- Turnierformen / Blitzturnier
- Kleine Wettkämpfe (z. B. «Brenn-Fußball» oder «Kaiserspiel» (vgl. Seite 43–79)

Organisation und Raumaufteilung

Effektive und ökonomische Trainingsplanung beginnt schon mit einem sinnvollen Aufbau der Trainingsgeräte und einer guten Raumaufteilung. Der zur Verfügung stehende Platz und die knapp bemessene Trainingszeit sollten optimal genutzt werden.
Bevor die Spieler den Platz betreten, baut der Trainer die notwendigen Trainingsgeräte für unterschiedliche Trainingsphasen auf und legt die restlichen Trainingshilfen, die er später braucht, in Reichweite.
Er markiert ein Spielfeld für das erste Spiel und legt die Trainingshilfen für den Aufwärmdrill und das Koordinationstraining aus.
Dies gewährleistet eine gute Aufteilung des zur Verfügung stehenden Trainingsfeldes und einen schnellen Wechsel von einer zur nächsten Trainingsphase. Die Spieler haben keine Wartezeiten, wenn sie z. B. vom Aufwärmdrill zum Koordinationstraining wechseln.
Jede Sekunde der kostbaren Trainingszeit wird genutzt!

Beispiel: Raumaufteilung und Trainingsaufbau:

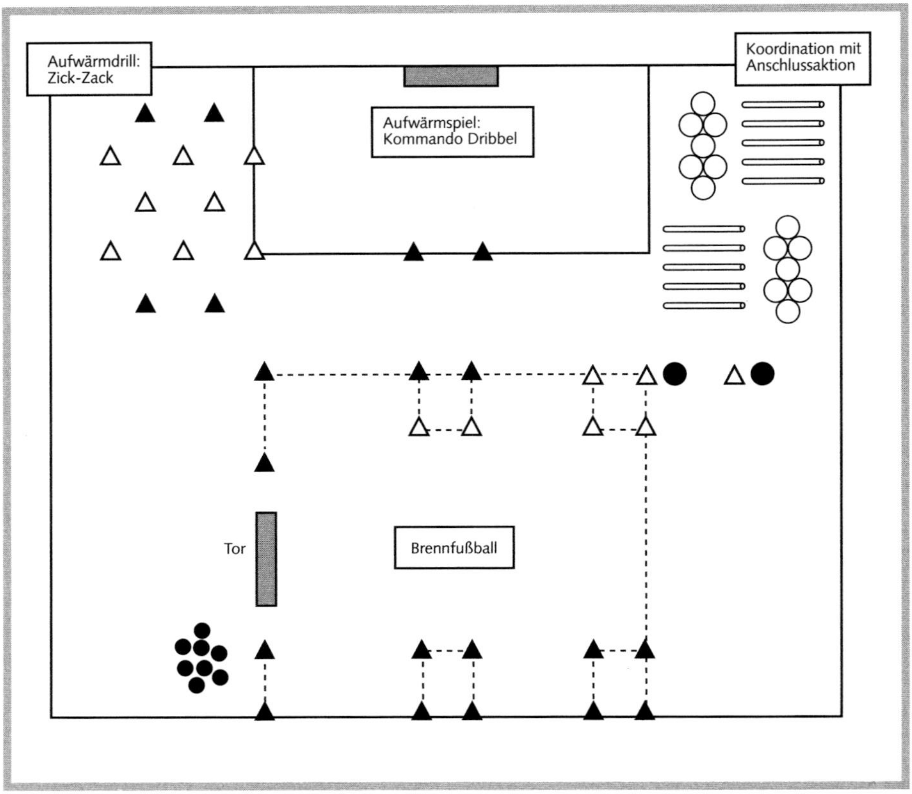

Spiele zum Aufwärmen und Einstimmen

Jede TE beginnt mit einem Aufwärmspiel. Damit die Beschreibung der TE übersichtlich bleibt, ist eine Reihe von Spielen in diesem Abschnitt zusammengefasst. Wählen Sie bitte ein oder zwei Spiele für die erste Trainingsphase aus. Einige Spiele werden den Kindern so viel Spaß bereiten, dass sie diese häufiger spielen möchten. Der Trainer sollte die Aufwärmspiele jedoch ständig wechseln, damit keine Langeweile aufkommt. Erweitern Sie regelmäßig Ihre persönliche Spielesammlung.

Anregungen finden Sie auf der Webseite (www.ifj96.de) im Onlineseminar.

Ein gutes Aufwärmspiel lässt sich leicht organisieren und schnell in Gang setzen. Bei der Auswahl der Spiele sollte der Trainer auf jeden Fall das Alter der Kinder berücksichtigen. «Kommando Dribbel», «Pest in Venedig» oder «Obstsalat» sind sicher eher für Kinder bis zur E-Jugend geeignet, während Jugendliche «Fang die Dribbler», «Brennfußball» oder «Gladiator-Soccer» sehr gerne spielen.

Die in diesem Buch zusammengestellte Spielesammlung lässt sich leicht durch ähnliche Spiele erweitern (vgl. Literaturliste).

Aufwärm-Spiel Nr. 1: Kommando Dribbel

Spielbeschreibung:

Die Spieler befinden sich mit Ball im Spielfeld (20x20 Meter). Prinzip des Spiels ist, ein Kommando nur dann auszuführen, wenn der Trainer das Wort «Kommando» voranstellt.

Das erste Kommando heißt «Kommando Dribbel!» Die Spieler dribbeln kreuz und quer im Quadrat. Auf «Kommando Stopp» halten die Spieler ihren Ball an und bleiben stehen.

Anmerkung:

Ruft der Trainer nur: «Stopp!», dribbeln die Spieler weiter, weil das Wort «Kommando» fehlte.

Mögliche Kommandos:

- «Kommando Dribbel» (dribbeln)
- «Kommando Stopp» (mit Ball am Fuß stehen bleiben)
- «Kommando Bock» (den Ball mit beiden Händen berühren)
- «Kommando hoch» (Ball mit den Händen über den Kopf führen)
- «Kommando – Kreis» (Ball um den Körper führen)
- «Kommando – Fass» (hinlegen, Ball in die Luft gegen die Füße)

Der Phantasie sind keine Grenzen gesetzt.

Variationen durch Gruppenbildung: «Kommando Doppelfass»

Zwei Spieler liegen nebeneinander und halten den Ball mit den Händen gegen die Füße. Die Gruppenstärke kann der Trainer beliebig variieren, indem er die Spielerzahl dem Kommando voranstellt.

Beispiel: «Kommando Fünferfass». In diesem Fall sollen fünf Spieler als Kleingruppe das Kommando Fass ausführen. Gruppenbildung in einem Wettspiel fördert das soziale Lernen.

Methodische Hinweise:

- Das Spiel Kommando Dribbel schult die Reaktion durch den schnellen Kommandowechsel sowie die Konzentration auf akustische Signale und die Bereitschaft, ständig wechselnde Gruppen zu bilden.
- Der Trainer sollte niemals alle Kommandos zu Beginn erklären, sondern die Kommandos nacheinander zeigen und benennen. So können sich die Spieler die Kommandos viel besser merken. Nach jedem neuen Kommando folgt eine kurze Trainingsphase, in der der Spielleiter die neuen Kommandos ohne und mit Zusatz «Kommando» ausruft.
- In einer längeren Übungsphase scheiden keine Spieler aus. Der Spaß an diesem Spiel ergibt sich dadurch, dass einige Spieler ein Kommando falsch ausführen, sich z. B. hinlegen, anstatt weiter zu dribbeln. Die Spieler üben die Kommandos und wärmen sich auf.
- Am Ende des Spiels beginnt ein kurzer Wettkampf. Spieler, die ein falsches Kommando ausführen, nicht richtig oder zu langsam reagieren, scheiden aus und erledigen eine Zusatzaufgabe außerhalb des Spielfeldes, bis der Sieger feststeht.
- Sieger ist, wer bis zum Schluss alle Kommandos schnell und richtig ausführt.

Aufwärm-Spiel Nr. 2: Pest in Venedig

Vorbemerkungen:

Ein reines Fangspiel ist sicher schon sehr motivierend für Kinder. Wenn der Trainer jedoch ein Spiel in eine Geschichte einbindet, dann erhält dieses Spiel eine neue Qualität. Die Kinder nehmen Rollen an, sie spielen in einer Rahmenhandlung.

«Pest in Venedig» ist ein Fangspiel mit einer einfachen Rahmengeschichte.

Variation A: Tennisball

Der Trainer verteilt je nach Gruppenstärke 3–5 Tennisbälle, die «Pestbeulen» darstellen sollen. Jedes Kind, das einen Tennisball deutlich sichtbar trägt, ist «krank» und wird wie durch ein Wunder gesund, wenn es einen Mitspieler mit dieser Pestbeule berührt. Der Gefangene ist dann krank und muss den Tennisball annehmen und nun seinerseits versuchen, einen weiteren Spieler zu «infizieren», damit er selbst gesund wird.

Da es in Venedig jedoch viele Brücken gibt und die Pest nicht über die Brücken gelangt, haben die Spieler die Möglichkeit, sich vor einem «Kranken» zu retten, indem sie eine Brücke bauen.

Die Brücken müssen dann jedoch so lange in dieser Position verharren, bis ein «Gondoliere» unter der Brücke hindurch fährt. Dies geschieht, indem ein Mitspieler unter der Brücke hindurch krabbelt.

In diesem Aufwärmspiel gibt es keinen Gewinner oder Verlierer. Das Spiel endet dann, wenn der Trainer sieht, dass der Reiz des Spiels verloren geht oder die Belastung zu hoch wird.

Variation B: Dribbelspiel

Der Transfer dieses Spiels auf Fußball liegt auf der Hand. Alle Spieler erhalten einen Fußball, mit dem sie im begrenzten Raum (ca. 20 m x 20m) dribbeln. Die Kranken tragen ihren Fußball in den Händen als Zeichen für Pestbeulen. Wenn sie einen Dribbler mit dem Ball berührt haben, nimmt dieser seinen Ball hoch, und der Kranke wirft seinen Ball auf den Boden und dribbelt schnell in einen sicheren Bereich.

Rettung für Verfolgte

Verfolgte retten sich, indem sie eine Brücke bauen. Sie verharren in dieser ungemütlichen Position, bis ein Gondoliere unter dieser Brücke hindurchfährt, d. h. seinen Ball durch diese Brücke spielt.

Aufwärm-Spiel Nr. 3: Autorennen

Vorbemerkungen:

- Dieses Spiel sollte zum Kennenlernen erst ohne Ball als Laufspiel, dann mit Ball als Dribbelspiel gespielt werden.
- Die Spieler lernen, auf ein akustisches Signal eine begrenzte Strecke mit Ball schnell zu überwinden, den Ball plötzlich anzuhalten und anderen Spielern auszuweichen.
- Dieses Spiel lebt von der schnellen Abfolge der Platzwechsel, daher sollte der Trainer die Spieler anhalten, schnell in die Mitte zu gehen und eine neue Automarke oder «Autorennen» zu rufen.

Organisation:

- In einer Turnhalle oder auf einem Sportplatz legt der Trainer geeignete Markierungen (Hütchen, Kappen, Gymnastikreifen, Matten …) in einer Kreisform aus. Diese sind wichtig, damit die Spieler ein Ziel ansteuern können.
- Ein Spieler stellt sich in die Mitte, die übrigen Mitspieler verteilen sich auf dem Kreisbogen (Radius ca. 6 m – 10 m, je nach Gruppengröße) um ihn herum.
- Jeder Spieler erhält einen Ball.

Spielbeschreibung:

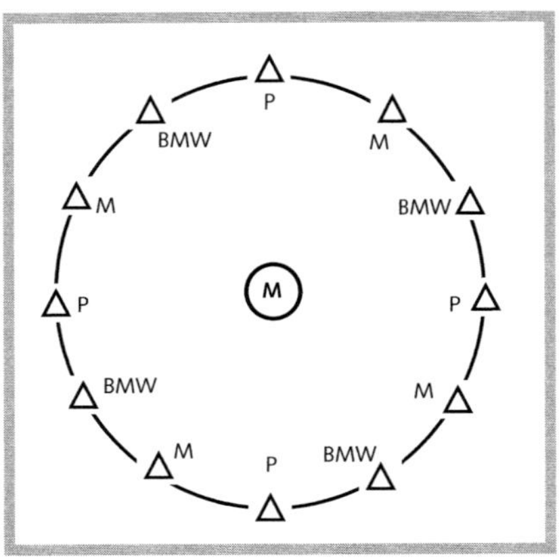

- Der Trainer geht an den Spielern vorbei und nennt ihnen den Namen einer Automarke – z. B. BMW, Mercedes (M), Porsche (P) –, den sie sich merken sollen.
- Der Mittelspieler ruft laut den Namen einer Marke oder «Autorennen» und sucht sich schnell ein Hütchen, das er besetzt.
- Beim Ausruf «Autorennen» wechseln alle Spieler den Platz und dürfen nicht zu ihrem Hütchen zurückkehren.
- Beim Ausruf einer Automarke wechseln nur die angesprochenen Spieler ihren Platz und laufen / dribbeln zu einem anderen Hütchen. Schnelle Reaktion ist gefordert.
- Der Spieler, der übrig bleibt, ruft die nächste Automarke oder «Autorennen». Es scheidet keiner aus!
- «Um das Spiel kennen zu lernen, sollten die Kinder ihren Ball erst in der Hand tragen (symbolisch: Lenkrad). «Autorennen» wird zu einem Dribbelspiel, wenn die Spieler jede Ortsveränderung dribbelnd ausführen.

Zusatzregel für Fortgeschrittene:

Erst wenn die Spieler die Mitte des Kreises überdribbelt haben, dürfen sie ein Hütchen besetzen. Diese Regel führt dazu, dass die Spieler noch mehr aufpassen müssen, nicht mit einem anderen Spieler zusammenzustoßen.

Ende des Spiels:

Das Spiel endet dann, wenn der Spielleiter merkt, dass die Motivation der Mitspieler nachlässt (nach ca. 5 Minuten).

Aufwärm-Spiel Nr. 4: Obstsalat

Eine Variation des Spiels Autorennen heißt «Obstsalat»

- Der Trainer geht an den Spielern vorbei und nennt ihnen den Namen verschiedener Fruchtsorten (z. B. Banane, Erdbeere und Apfel).
- Jeder Spieler dribbelt zu einem anderen Hütchen, wenn seine Obstsorte gerufen wird.
- Beim Ausruf «Obstsalat» wechseln alle Spieler ihren Platz.

Aufwärm-Spiel Nr. 5: Schattendribbling

- Zwei Spieler dribbeln hintereinander (Spieler und sein Schatten).
- Der vordere Spieler bestimmt Dribbelrichtung und Tempo.
- Der Spieler versucht, seinen Schatten durch Hakenschlagen abzuhängen.
- Nach 1–2 Minuten wechseln beide ihre Position.

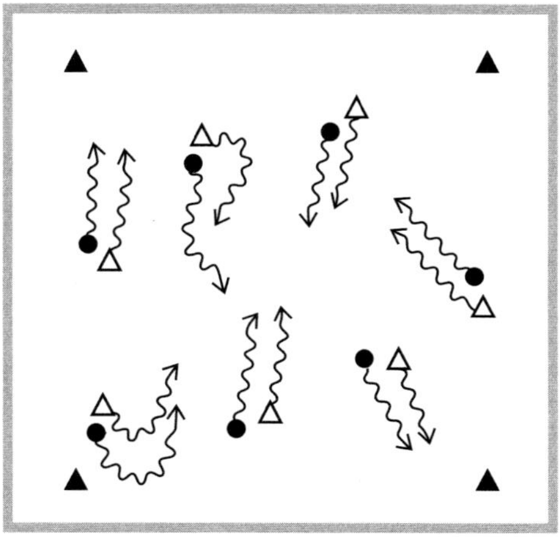

Zusatzbewegungen:

- Gymnastische Übungen mit Ball – zwischen den Übungen dribbeln beide zur Auflockerung weiter.
- Täuschungen (Ausfallschritt, Übersteiger)
- Drehungen

Aufwärm-Spiel Nr. 6: Merkmal

In den meisten Fangspielen sind die Rollen vorher verteilt. Die einen sind die Fänger, die anderen laufen weg. Der Reiz des Spiels «Merkmal» liegt besonders darin, dass die Rollenverteilung erst durch einen Zuruf des Spielleiters bestimmt wird. Dies erfordert erhöhte Konzentration und schnelle Reaktion der Spieler auf akustische und optische Reize und Signale.

Spielbeschreibung:

Alle Spieler dribbeln frei im Raum. Der Spielleiter ruft laut das Merkmal einer Spielergruppe oder einzelner Spieler, die dann zu Fängern werden.

Bewährte Merkmale:

- die Farbe von unterschiedlichen Markierungswesten (z. B. Gelb, Rot und Grün)
- Haarfarbe
- Farbe der T-Shirts / Trikots
- Anfangsbuchstaben der Vornamen (z. B. von A bis K, L bis Z)
- Jungen / Mädchen (in der Schule)

Es ist wichtig, dass diese Merkmale eindeutig bestimmbar und für jeden nachvollziehbar sind. Je allgemeiner die Merkmale sind, desto mehr Spieler werden zu Fängern. Dadurch müssen sich die Spieler sehr stark auf das gesamte Spielfeld konzentrieren.

Sind die Merkmale sehr spezifisch, dann ist die Fängergruppe sehr klein, und die Spieler konzentrieren sich auf die Aktionen weniger Fänger.

Abgeschlagene Spieler

Abgeschlagene Spieler erfüllen eine Aufgabe außerhalb des Spielfeldes (Jonglieren, Dribbeln). Das Spiel endet, wenn die Fänger mit dem entsprechenden Merkmal alle übrigen Mitspieler gefangen haben oder die vorgegebene Zeit (z. B. 2 Minuten) überschritten ist.

Variationen:

- *«Merkmal» als Laufspiel*
  Das Dribbelspiel «Merkmal» kann als Vorübung auch ohne Ball gespielt werden. Es wird dadurch zu einem reinen Lauf- und Reaktionsspiel.
- *Fänger ohne Ball:*
  Beim Dribbelspiel «Merkmal» haben alle Beteiligten einen Ball, doch um den Fängern einen Vorteil zu verschaffen, könnte ihnen erlaubt sein, ihren in die Hand zu nehmen, bevor sie als Fänger agieren. Sie können somit schneller Richtungsände-

rungen vornehmen und besser fangen. Diese Zusatzregel bietet sich besonders dann an, wenn das vorgegebene Merkmal sehr spezifisch ist und dadurch wenige Fänger in Aktion treten.

- *Spieler mit dem ausgerufenen Merkmal sind die Hasen:*
  Die Gruppe der Spieler, auf die das Merkmal zutrifft, könnte auch zur «Hasengruppe» werden. Alle übrigen Spieler sind dann die Fänger. Diese Spielregel kann der Spielleiter vorher festlegen oder mit dem Merkmal gleichzeitig ausrufen: «Rot – Hase!» oder «Grün – Fänger!». Dies erfordert noch mehr Konzentration der Spieler, denn sie müssen nicht nur auf das Merkmal reagieren, sondern auch noch entscheiden, ob sie weglaufen oder fangen sollen.
- *Gefangene Spieler dürfen wieder befreit werden:*
  Allen freien Hasen ist es erlaubt, die gefangenen Mitspieler zu befreien. Die Befreiungsaktion wird vorher festgelegt. Z. B. könnte ein einfaches Berühren notwendig sein. Doch die Befreiungsaktion könnte auch ein Balltausch oder ein Pass durch die Beine des Partners sein. Der Kreativität des Trainers sind hier keine Grenzen gesetzt.
- *Fortbewegungsart kann festgelegt werden:*
  Beim Spiel ohne Dribbling sind Hüpfen auf einem Bein oder Laufen auf allen Vieren, Fortbewegung wie ein Krebs oder Laufen mit einer Hand auf dem Rücken möglich.
  Den Dribblern gibt der Trainer z. B. vor, mit welchem Fuß gedribbelt bzw. wie der Ball fortbewegt wird: Dribbling mit rechts, mit links, rückwärts dribbeln, mit einer Hand prellen, mit beiden Händen im Wechsel prellen, Ball mit beiden Händen hinter dem Kopf tragen …
  Ausruf des Trainers: «Vornamen A bis D, Dribbling mit rechts!»
- *Musikeinsatz*
  In einer Turnhalle lässt sich leicht eine Musikbox (ein Kassettenrecorder) einsetzen. Die Kinder haben meist sehr viel Spaß, wenn während eines Spiels Musik läuft. Der Musikstopp könnte als Signal genutzt werden, dass der Trainer jetzt ein neues Merkmal ausruft oder das Spiel beendet, weil alle Hasen gefangen sind.

Aufwärm-Spiel Nr. 7: Zahlendribbling

Das Spiel «Zahlendribbling» übt einen besonderen Reiz auf Kinder aus, denn es ist nicht nur eine gute Fußballtechnik gefordert, vielmehr entscheidet zusätzlich noch die schnelle Orientierung auf einem Blatt Papier mit Zahlen.

Die Anzahl der Gruppen richtet sich nach der Anzahl der Teilnehmer. Eine Gruppe sollte nicht mehr als vier Mitspieler enthalten, damit die Wartezeiten nicht zu groß sind.

Material pro Gruppe:

- ein Ball
- ein Schreibgerät (Faserstift, Buntstift)
- ein Blatt mit vorgegebenen Zahlen
  (siehe Kopiervorlage mit den Zahlen von 1 bis 40)
- eine Schreibunterlage
  (ein kleiner Kasten in der Turnhalle oder ein Stück Pappe auf dem Sportplatz)

Spielbeschreibung:

Ein Spieler jeder Gruppe startet auf Zeichen des Trainers mit seinem Ball in Richtung Zahlenblatt. Die Entfernung kann der Trainer frei wählen, es hat sich jedoch ein Abstand von 10 bis 20 Meter bewährt.

Der erste Spieler sucht die «Eins», streicht sie durch und dribbelt, so schnell er kann, zu seiner Gruppe zurück. Dort angekommen, nennt er dem zweiten Spieler die nächste Zahl (hier also: «Zwei»), die dieser abstreichen soll. Die Zahlen müssen in der Reihenfolge angekreuzt werden. Dies kontrolliert der Trainer stichprobenartig, indem er von Zettel zu Zettel geht und schaut, an welcher Stelle die Gruppen sich befinden.

Die Gruppe, die in der vorgegebenen Zeit die größte Zahl erreicht hat, gewinnt das Spiel.

Variation:

- Zwei Spieler einer Gruppe starten gleichzeitig, damit mehr Spieler in Bewegung sind. Die Paare dürfen erst zurück dribbeln, wenn beide eine Zahl abgestrichen haben.
- Auf dem Sportplatz könnte der Abstand größer gewählt werden. Dann bietet sich an, dass die komplette Gruppe zum Blatt dribbelt. Jeder streicht eine Zahl ab, nennt dem folgenden Mitspieler die nächste Zahl, dribbelt zurück zur Wendemarke sofort zurück zum Zahlenblatt. Die Spieler dürfen erst wieder zum Blatt starten, wenn alle Mitspieler am Startpunkt angekommen sind.

Tipps:

- Häufig finden die Spieler besonders die großen Zahlen nicht.
- Mit der Tabellenfunktion eines Computers lassen sich sehr leicht neue Zahlenblätter herstellen und verändern. Die Größe der Zahlen sollten ständig wechseln und ihre Anordnung auf dem Blatt so gewählt sein, dass die Spieler schnell mit ihren Augen kreisen müssen.

6	24	10	29	16
13	26	37	18	35
21	30	4	32	8
34	19	3	39	25
15	23	12	38	1
31	2	7	20	33
40	14	36	11	27
17	28	5	9	22

Aufwärm-Spiel Nr. 8: Inselsuche

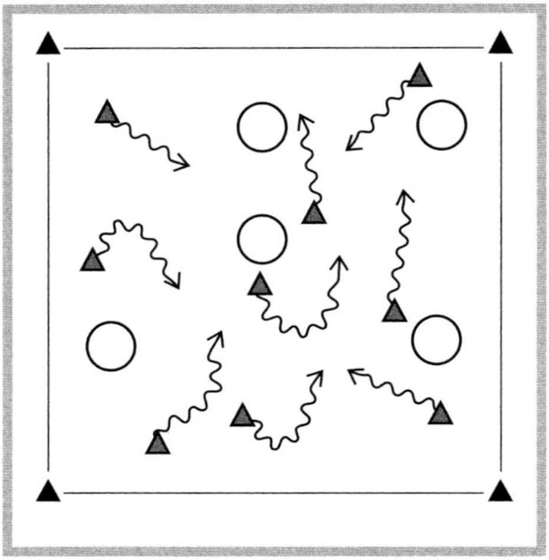

- Im Spielfeld sind kleine Bereiche (Reifen, Hütchenquadrate) angeordnet.
- Die Spieler dribbeln frei im Spielfeld.
- Auf Pfiff (Ruf) des Trainers dribbeln sie schnell zur nächsten Insel.
- Es dürfen höchstens zwei Spieler auf eine Insel.
- Wer keine Insel erwischt, erhält einen Minuspunkt.
- Die Spieler mit den wenigsten Minuspunkten gewinnen das Spiel.

Aufwärm-Spiel Nr. 9: Jägerball

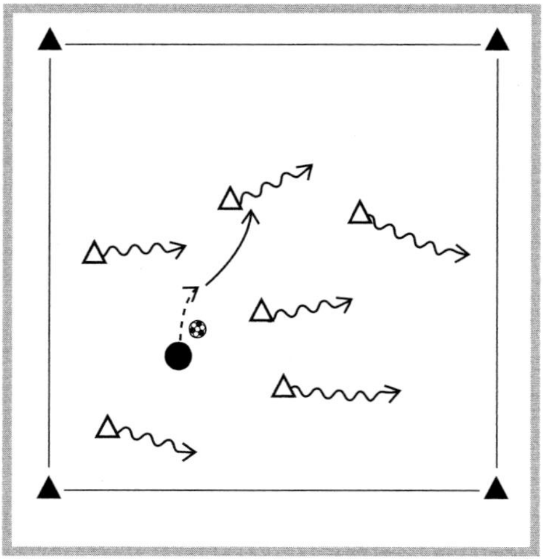

- Die Spieler dribbeln im vorgegebenen Feld.
- 1 bis 3 Jäger haben ihren Ball in der Hand.
- Die übrigen Spieler sind Hasen.
- Ein Hase, der mit einem Ball berührt wird, nimmt den Ball in die Hände und wird auch zum Jäger.
- Der letzte Hase wird zum nächsten Jäger.

Variation:
Die Jäger haben einen Softball und versuchen, möglichst schnell alle Hasen zu fangen, indem sie diese mit ihrem Softball treffen. Die getroffenen Hasen erledigen eine gymnastische Übung. Anschließend versuchen andere Jäger die Zeit zu unterbieten.

Aufwärm-Spiel Nr. 10: Schütz deinen Ball

- In der Mittelzone dribbeln die Spieler mit ihrem Ball und schützen ihn vor den Balldieben.
- Je nach Gruppenstärke werden 2 bis 3 Balldiebe bestimmt, die die Dribbler verfolgen und versuchen, ungeschützte Bälle nach außen zu schießen.
- Muss ein Spieler das Mittelfeld verlassen, um seinen Ball zurückzuholen, erhält er einen Minuspunkt.
- Die Spieler mit den wenigsten Minuspunkten gewinnen das Spiel.

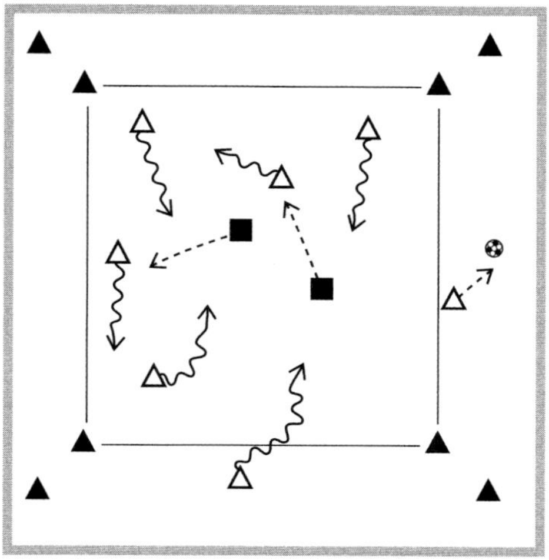

Aufwärm-Spiel Nr. 11: Zipp-Zapp, Tücher ab

- Die Spieler dribbeln frei in einem Feld (z. B. einem Quadrat von 15 mal 15 m) und stecken ein Tuch (Papiertaschentuch, Parteiband, Markierungshemd ...) hinten so in die Hosen, dass ein großer Teil frei heraushängt.
- Sie versuchen, die Tücher der Mitspieler zu ergattern.
- Die gefangenen Tücher hält man in der Hand. Wenn kein Tuch mehr hinten in der Hose steckt, nimmt man eines aus der Hand nach hinten.
- Ein Spieler darf in einer Zweikampfsituation nur ein Tuch von einem Mitspieler wegziehen (zweiter Angriff erst nach 5 Sec.).
- Wer am Ende die meisten Tücher erkämpft hat, ist Sieger.
- Die Spielzeit richtet sich nach der Motivation und Freude der Mitspieler (ca. 5 Minuten).

Aufwärm-Spiel Nr. 12: Sechs-Tage-Rennen

- Je zwei Paare (A1-A2; B1-B2; ...) stehen mit einem Ball am Start.
- Die ersten Spieler (A1, B1, C1, D1, ...) dribbeln um das vorgegebene Feld.
- Die zweiten Spieler warten, bis ihre Partner wieder am Starthütchen angekommen sind und ihnen den Ball überlassen.

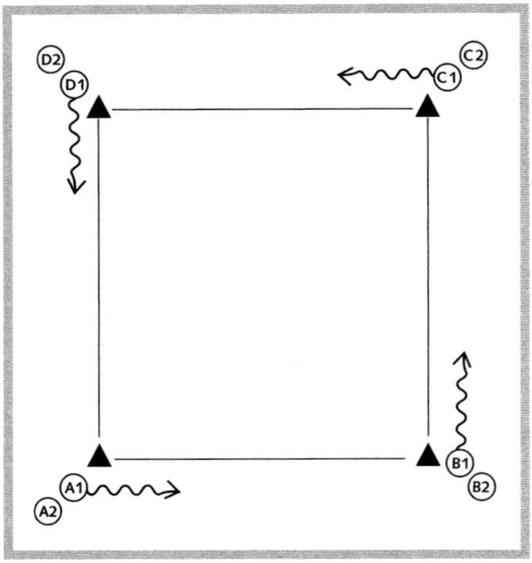

- Es zählen die umdribbelten Runden eines Paares in sechs Minuten («6 Tage»).
- Das Paar mit den meisten Runden hat gewonnen.
- Es werden zwei Durchgänge gespielt, oder ein Tag dauert 2 Minuten.

Hinweis:

- Bei diesem Spiel werden die Teilnehmer intervallartig belastet, d. h. Belastung und Pausen wechseln regelmäßig ab.

Aufwärm-Spiel Nr. 13: 100-Punkte-Dribbling

A) Vereinssport

Für das Hallentraining im Verein hat sich dieses Spiel als kindgemäßes Aufwärmspiel bewährt. Der Trainer kann einen engen Raum nutzen und den Kreislauf von mehr als 20 Spielern auf motivierende Weise anregen. Die Spieler dribbeln nicht einfach um Hütchen herum, sondern verfolgen ein gemeinsames Ziel, nämlich einen Wettkampf zu gewinnen. Die Verbindung technischer Elemente des Fußballspiels mit dem Zufall, bzw. Glück beim Würfelspiel hat sich auch für leistungsorientierte Vereinsspieler bewährt.

B) Schulsport

Der Vorteil dieses Spieles für die Schule liegt im Ausgleich von Stärken und Schwächen. Der Zufall, der sich durch das Würfelergebnis ergibt, sorgt für eine Chancengleichheit aller Kinder. Somit sind auch alle Spieler gleichermaßen motiviert, Jungen und Mädchen, ältere und jüngere, starke und schwächere Spieler.

Material:

Für jeden Spieler einen Ball (Gymnastikbälle / Fußbälle / Handbälle / Basketbälle / Volleybälle, ...). Eine Mannschaft könnte aber auch alles verschiedene Bälle erhalten, und die Spieler tauschen die Bälle nach jeder Runde. Hierbei gibt es die Entscheidung: Alle Spieler dribbeln mit dem Fuß oder mit der Hand, wenn der Ball dies in seiner Sportart erfordert (z. B. Basketball).

- 4 Schreibgeräte und Zettel auf einer Unterlage (Pappe),
- 4 Würfel (Schaumstoffwürfel – 10 mal 10 oder größer, geht aber auch mit einfachen Würfeln),
- evtl. einen Kassettenrecorder + Kassette mit schneller Musik, wenn Musikeinsatz gewünscht wird.

Spielbeschreibung:

- Vier Gruppen starten an jeweils einer Ecke des Spielfeldes (z. B. Volleyballfeld). Alle Spieler stehen zu Beginn innerhalb des Feldes, um die Dribbler nicht zu stören (vgl. Zeichnung).
- Auf Zeichen des Trainers würfeln die ersten Spieler jeder Gruppe mit einem großen Schaumstoffwürfel (z. B. 10 cm Kantenlänge) und notieren ihre Zahl auf einem Zettel, der in der Ecke des Spielfeldes liegt. Jeder Spieler nimmt seinen Ball und dribbelt um das Spielfeld. Ein Spieler darf erst wieder würfeln, wenn er eine Runde dribbelnd zurückgelegt hat.
- Der zweite Spieler würfelt sofort nach dem ersten, wartet also nicht, bis sein Vordermann im Ziel ist. Er addiert (!) seine Zahl zur ersten und dribbelt um das Feld.
- Das Spiel gewinnt die Mannschaft, die als erste mindestens 100 Punkte erreicht hat und deren Spieler komplett mit ihren Bällen in ihrem Startbereich sitzen.

Anmerkung:

- Wenn der Spielleiter das sofortige Addieren nicht eindeutig herausstellt, kann es passieren, dass besonders jüngere Spieler nur ihre Zahlen hinschreiben und nicht wissen, wann sie 100 Punkte erreicht haben.
- Bei jüngeren Spielern können auch Additionsprobleme auftreten. Im Vereinstraining könnte man bei den Spielern unter 7 Jahren z. B. Eltern als Schriftführer einsetzen.
- In der Schule könnten kranke oder verletzte Spieler sehr gut als Schiedsrichter oder Anschreiber eingesetzt werden.

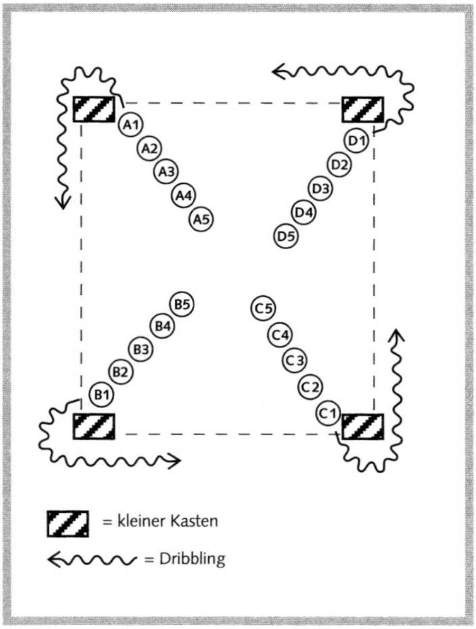

- Schaumstoffwürfel erhält man im Spielwarenhandel oder Versandhandel für Sportartikel. Im Notfall reichen aber auch einfache kleine Würfel.

Variation 1:

Das Spiel ist beendet, wenn die letzte Mannschaft über 100 Punkte erreicht hat. Damit bestimmt man nicht nur einen Sieger, sondern die Reihenfolge bis zur letzten Mannschaft. Es ist jedoch ratsam, eine Zeitbegrenzung einzubauen, damit nicht drei Mannschaften auf eine sehr langsame Mannschaft warten müssen. Man könnte z. B. das Ende des Spieles auf eine Minute nach der Siegermannschaft festlegen.

Variation 2:

Die Spieler müssen **genau 100** erreichen. Hat eine Mannschaft also 99 Punkte, muss sie eine «1» würfeln, um zu gewinnen. Würfelt ein Spieler also eine Zahl, die größer ist als 1, so muss er eine weitere Runde dribbeln, bis er einen erneuten Versuch starten darf. Diese Variante führt zu einer besonderen Spannung am Ende. Es kann passieren, dass eine Mannschaft sehr schnell in die Nähe von 100 kommt, dann jedoch die notwendige «Eins» immer verpasst.

Variation 3:

Dieses Spiel kann auch bis 50 oder einer anderen Zahl gespielt werden. Dies bietet sich an, wenn der Trainer mit seinen Spielern mehrere Runden spielen möchte. Die zu erreichende Zahl ist aber auch von der Spielerzahl abhängig. Eine Schulklasse mit 28 Schülern spielt eher bis 100, während eine Fußballmannschaft mit 16 Spielern schon sehr lange braucht, bis sie die 50 erreicht.

Variation für Fortgeschrittene: 100-Punkte-Dribbling mit Zusatzaufgaben

- Das 100-Punkte-Dribbling wird noch interessanter, wenn die Dribbler Zusatzaufgaben erledigen müssen.
- Es bietet sich besonders an, Slalomparcours oder kleine Hindernisse in der Mitte der Dribbelbahnen aufzubauen.
- Der Spielleiter sollte die gestellte Aufgabe aber nicht zu hoch ansiedeln. Sie soll lediglich die Dribbelzeit pro Runde erhöhen und eine kleine technische Herausforderung darstellen.
- Es darf auf keinen Fall einen Stau an den Stationen geben. Die Aufgaben sollten auf jeden Fall vorher unmissverständlich klar und evtl. einmal ausprobiert worden sein.

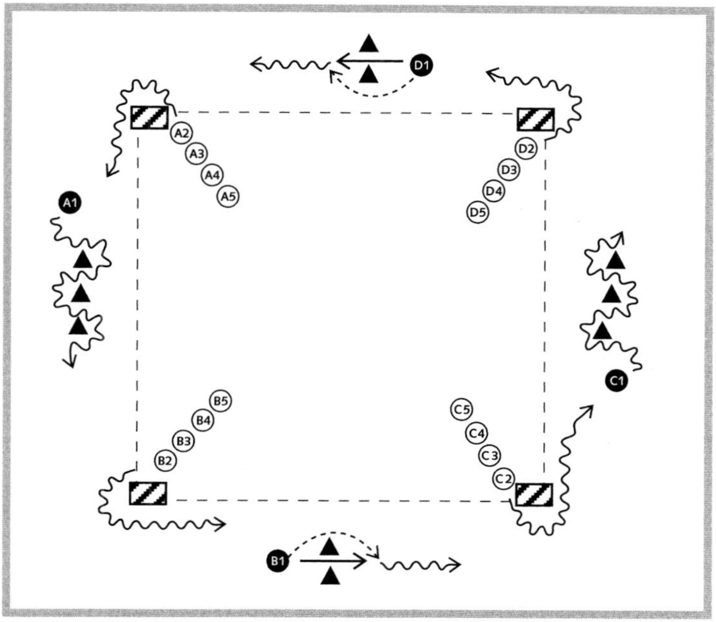

Aufwärm-Spiel Nr. 14: Aufwärmkontakt – ein Begrüßungsspiel

Aufwärmen einmal anders:

Die Spieler laufen oder dribbeln und begrüßen ihre Mitspieler auf unterschiedliche (spaßige) Art und Weise. Damit erfüllt dieses Spiel zwei Aspekte eines kindgemäßen Trainings. Die Kinder stimmen sich auf lustige Art auf das Training ein und bauen Berührungsängste zu Mitspielern ab. Dies ist besonders für kontaktscheue Kinder wichtig, damit sie ein echtes «Wirgefühl» entwickeln können.

Spielablauf:

Die Spieler bewegen (laufen, dribbeln) sich frei im Quadrat (15 m x 15m) und starten auf Zeichen des Trainers eine Serie vorgegebener Begrüßungen.

- Ohne Ball läuft dieses Spiel schnell und dynamisch ab.
- Mit Ball wird das Tempo geringer, doch der Trainer hat nun die Möglichkeit, Fußballtechniken in dieses Spiel einzubauen.

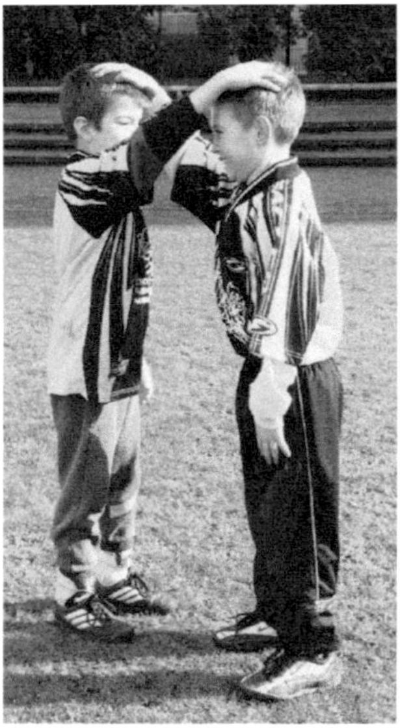

Zwischen den Begrüßungsphasen dribbeln die Spieler frei und wenden unterschiedliche Finten an.
Die Spieler dribbeln:

- Frei / nur mit rechts / nur mit links,
- im Wechsel mit rechts und links bei jedem Schritt.

Der Trainer achtet darauf, dass der Ball bei der Begrüßung in der Nähe der Spieler bleibt.

Mögliche Begrüßungsformen:

- Hände schütteln (mit rechts / mit links)
- Mit einer Hand abklatschen («high Five»- mit rechts / mit links)
- Mit beiden Händen abklatschen
- Fußsohle gegen Fußsohle (vor / hinter dem Körper)
- Schulter gegen Schulter
- Rücken an Rücken
- Verbeugen («höflicher Diener»)

Lustige Begrüßungsformen:

- Einhaken und drehen
- Hand auf den Kopf legen
- Ohrläppchen berühren

Wertungsmöglichkeit:

- Wer schafft in 30 sec. die meisten Kontakte?
- Wer schüttelt in 1 min. mehr als 30 Hände?

Hinweise:

- In der Halle bietet sich der Musikeinsatz an. Der Trainer gibt in dem Fall eine Änderung der Begrüßungsform bekannt, indem er die Musik kurz stoppt und die neue Bewegung vormacht.
- Begrüßungsformen mit einer Hand oder einem Fuß werden zuerst mit rechts, dann mit links ausgeführt.

Aufwärm-Spiel Nr. 15: Überraschungsfangen

Paarfangen ohne Ball

- In einem Quadrat (20 m x 20m) stehen oder sitzen Paare.
- Wird ein Hase abgeschlagen, zählt er laut von 21 bis 25, bevor er den weglaufenden Spieler zurückfangen darf.
- Ein Hase, der von einem Jäger verfolgt wird, darf sich neben ein Paar stellen (setzen) und ist somit frei. Danach wechseln die Rollen.

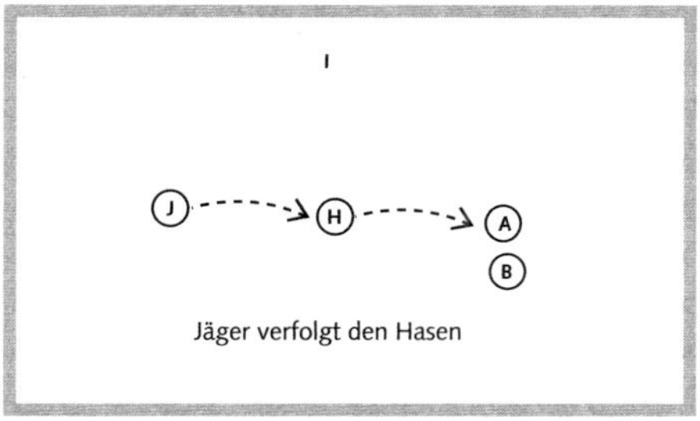

Jäger verfolgt den Hasen

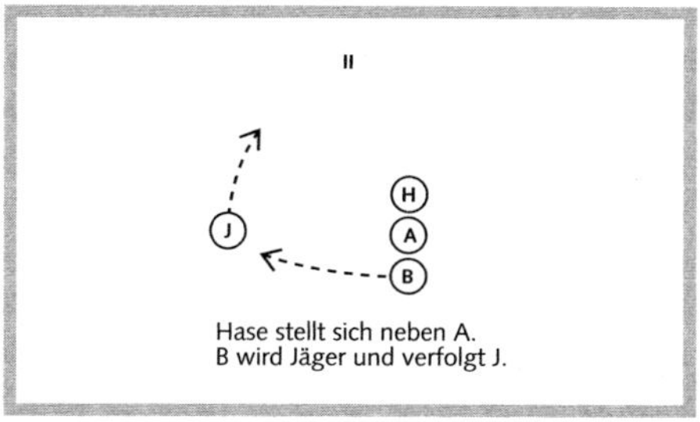

Hase stellt sich neben A.
B wird Jäger und verfolgt J.

- Der entfernteste Spieler des Paares startet blitzschnell in Richtung Jäger, der seinerseits zum Hasen wird.
- Die Anzahl der Jäger und Hasen richtet sich nach der Gruppenstärke. Um die Übersicht zu behalten, sollten jedoch nicht mehr als drei Jäger und Hasen in Aktion sein.

Beispiel:

Ein Hase sprintet zu einem Paar, weil er sich vor dem Jäger retten möchte, und nimmt eine Position direkt neben A ein. In diesem Augenblick startet B in Richtung Jäger, der nun seinerseits das Weite sucht.

Varianten mit Ball:

Wenn die Spieler den Ablauf des Spieles verstanden haben, erhalten alle Spieler einen Ball.

- In Stufe 1 tragen die Spieler ihren Ball. Der Jäger fängt einen Hasen, indem er ihn mit seinem Ball berührt. Werfen des Balls ist nicht erlaubt.
- In Stufe 2 wird dieses Spiel zu einem Dribbelspiel. Alle Bälle sind auf dem Boden. Ein Hase ist nur dann gefangen, wenn ihn der Jäger mit Ball am Fuß abschlägt.
- Eine weitere Variante ergibt sich, wenn mehr Hasen als Jäger im Spiel sind. Als Erkennungszeichen **tragen** die Jäger ihren Ball, die Hasen **dribbeln**. Ein gefangener

Hase nimmt seinen Ball hoch, und der Jäger wirft seinen Ball auf den Boden und wird zum Hasen. Zurückfangen ist in dieser Variante nicht erlaubt.

Aufwärm-Spiel Nr. 16: Toredribbling

- Die Spieler dribbeln paarweise frei im Raum.
- Der Trainer ruft z. B. «2», dann sind die Spieler mit der 2 Fänger.
- Die Spieler 2 dribbeln schnell durch die aufgebauten Tore. Hat ein Spieler drei Tore durchdribbelt, bevor er von seinem Partner gefangen wird, erhält er einen Punkt.

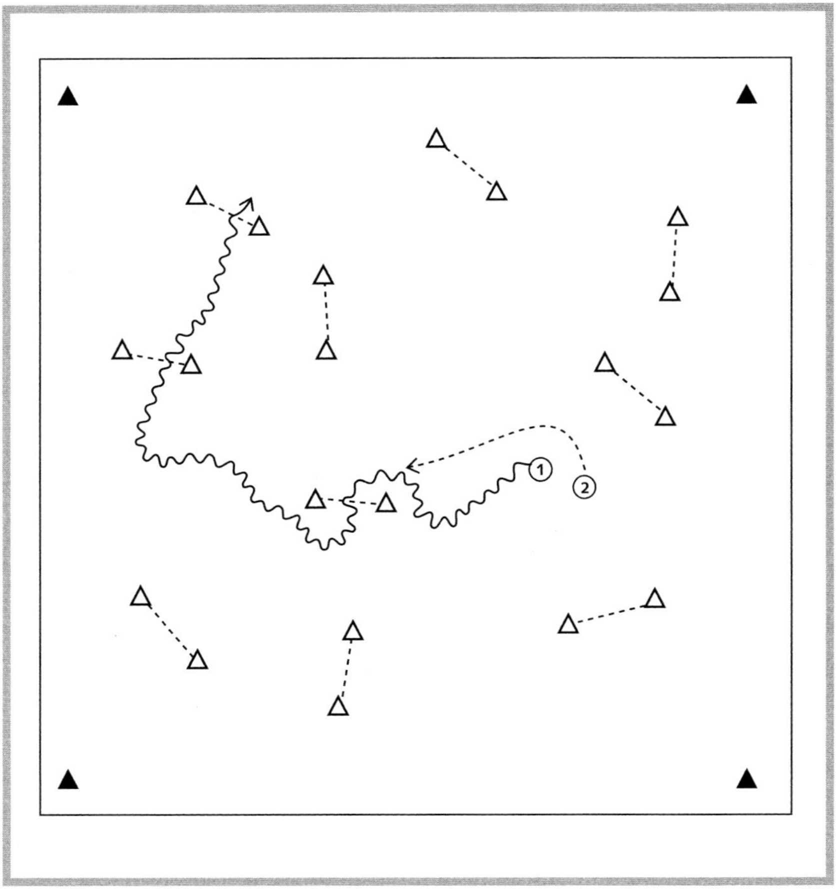

Kleine Abschlusswettspiele

Einleitung

Eine TE muss nicht immer mit einem Spiel 8 gegen 8 enden. Kleine Wettkämpfe mit fußballspezifischen Inhalten eignen sich ebenfalls sehr gut, um eine TE abzurunden. Die Spieler wetteifern, haben Spaß und wenden Fußballtechniken in einem Spiel mit einfachen Regeln an.

Diese Spiele können auch zur Abwechslung zwischen Übungsphasen eingesetzt werden.

Wettspiel 1: Brenn-Fußball

Grundregeln mit einem Ball

- Der erste Spieler der Läufermannschaft A schießt einen Ball ins Spielfeld und läuft um die Markierungen bis ins Ziel.
- Die Feldmannschaft B versucht, den Ball mit dem Fuß gegen einen kleinen Kasten oder ins Tor zu schießen.
- Das Tor sollte der Feldmannschaft abgewendet sein, damit die Aufgabe, den Ball ins Tor zu schießen, nicht zu leicht ist.
- Wenn der Ball ins Tor geschossen wurde, startet der zweite Spieler der Läufermannschaft, dann der dritte usw.
- Spieler, die sich zwischen zwei Pausenquadraten befinden, sind verbrannt und müssen sich am Ende ihrer Mannschaft anstellen, ohne einen Punkt zu erhalten.
- Ein Spieler, der eine Runde erfolgreich durchlaufen hat, ohne verbrannt zu sein, erhält einen Punkt. Schafft er dies ohne Zwischenstopp, bevor der Ball im Tor ist, erhält er vier Punkte. In einem Pausenquadrat dürfen sich maximal drei Läufer befinden.

Brenn-Fußball mit Dribbling

- Wenn die Grundregeln bekannt sind, sollte der Trainer das Spiel Brenn-Fußball zu einem Dribbelspiel erweitern, indem er jedem Spieler der Läufermannschaft einen zusätzlichen Ball gibt. Somit werden die Läufer zu Dribblern.
- Ein Dribbler muss mit seinem Ball im Pausenquadrat sein, wenn der Ball im Tor ist. Die Spieler lernen dadurch, mit dem Ball kontrolliert zu dribbeln und ihn bei Bedarf anzuhalten.

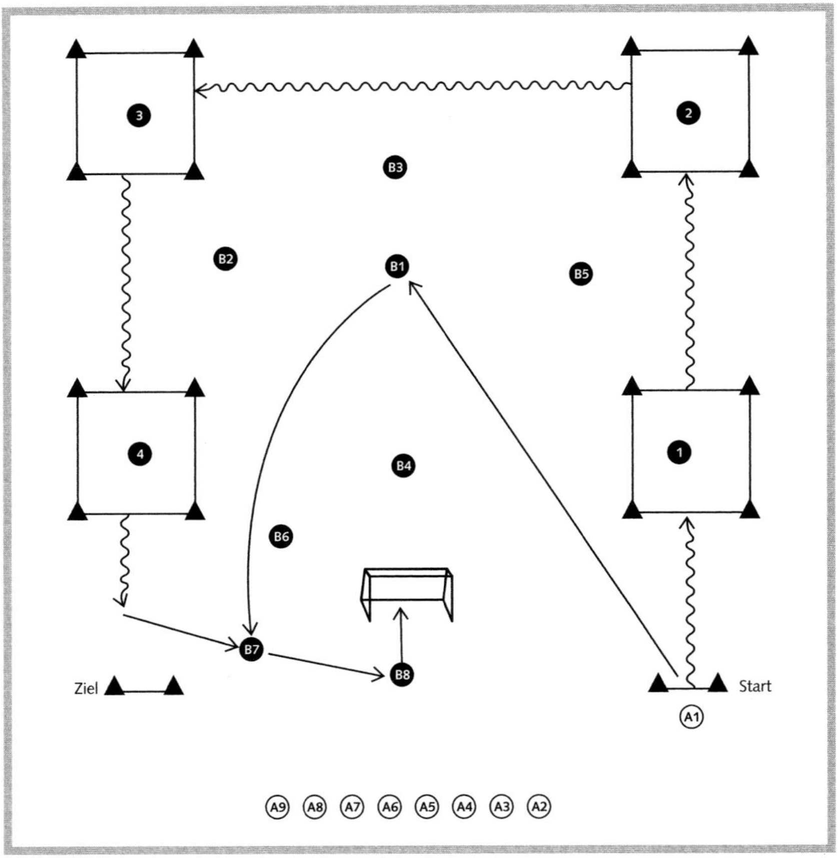

Brenn-Fußball mit Vorgaben für die Feldmannschaft

Die Feldmannschaft kann auch eine Zusatzaufgabe erhalten. Tore zählen nur, wenn der Ball in einer vorgegebenen Weise gespielt und ins Tor geschossen wird.

Kopfball:

- Der Trainer kann die Art, den Ball ins Tor zu befördern, vorgeben. Es wäre z. B. möglich, dass die Feldspieler den Ball nur mit dem Kopf spielen dürfen. Dazu müssen sie ihn mit der Hand hochheben und zum nächsten Spieler köpfen. Das Tor sollte dann auch nur mit dem Kopf erzielt werden.

Bestimmte Passtechniken:

- Der Ball darf nur mit der Innenseite, dem Spann, mit dem linken Fuß oder mit einem «Drop-Kick» aus der Hand gespielt werden.

«Profiversion» mit Hindernissen für die Läufermannschaft

- Um die Aufgabe der Läufer- oder Dribbelmannschaft zu erschweren, könnten auf den Außenbahnen Hindernisse aufgebaut werden. Es bieten sich folgende Hindernisse oder Aufgaben an:
- Die Spieler überwinden mit dem Ball eine Hürde.
- Die Spieler schießen ihren Ball gegen einen kleinen oder großen Kasten, bevor sie weiterdribbeln. (Halle)
- Zwischen den Pausenquadraten ist eine kleine Slalomstrecke aufgebaut, die die Spieler erst durchlaufen müssen, bevor sie zum sicheren Quadrat dribbeln.
- Die Dribbler spielen ihren Ball durch ein kleines Tor und umlaufen es, nehmen ihren Ball an und dribbeln zum Pausenquadrat.

Wenn eine Aufgabe nicht richtig erfüllt wird, ist der Spieler verbrannt. Ein Spieler, der den Kasten nicht trifft oder ein Hütchen bei der Dribbelstrecke auslässt, ist verbrannt und muss sich hinten anstellen.

Wettspiel 2: Torwart-Brennball

Eine Abwandlung des Spieles Brenn-Fußball, in der Torwarttechniken (Werfen, Fangen, Abschlag, Abwurf) im Vordergrund stehen, heißt Torwart-Brennball. Im Hinblick auf eine vielseitige Ausbildung des Fußballnachwuchses eignet sich dieses Spiel sowohl für Torhüter als auch für Feldspieler.

Variante 1: Werfen (kleines Spielfeld – ca. 20 m x 20 m)

- Der erste Spieler der Läufermannschaft A wirft einen Ball ins Spielfeld und läuft von Markierung zu Markierung (Quadrat: 2 m mal 2 m).
- Spieler, die eine Runde durchlaufen, ohne verbrannt zu sein, erhalten einen Punkt.
- Ein Lauf ohne Zwischenstopp bringt vier Punkte.

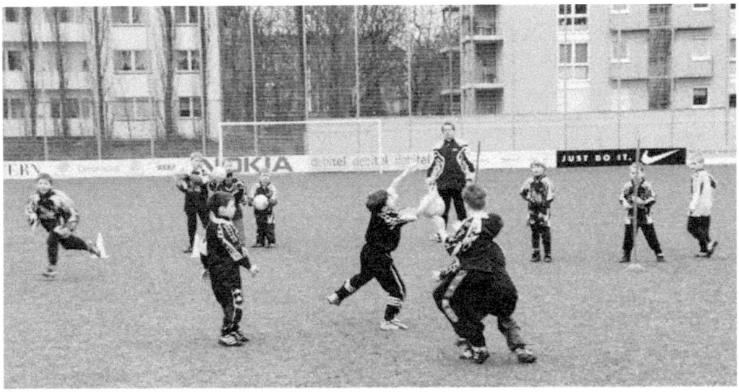

- In einem Pausenquadrat dürfen sich maximal drei Läufer befinden.
- Landet der Ball im Spielfeld, werfen ihn die Spieler der Feldmannschaft so schnell wie möglich ins Tor.

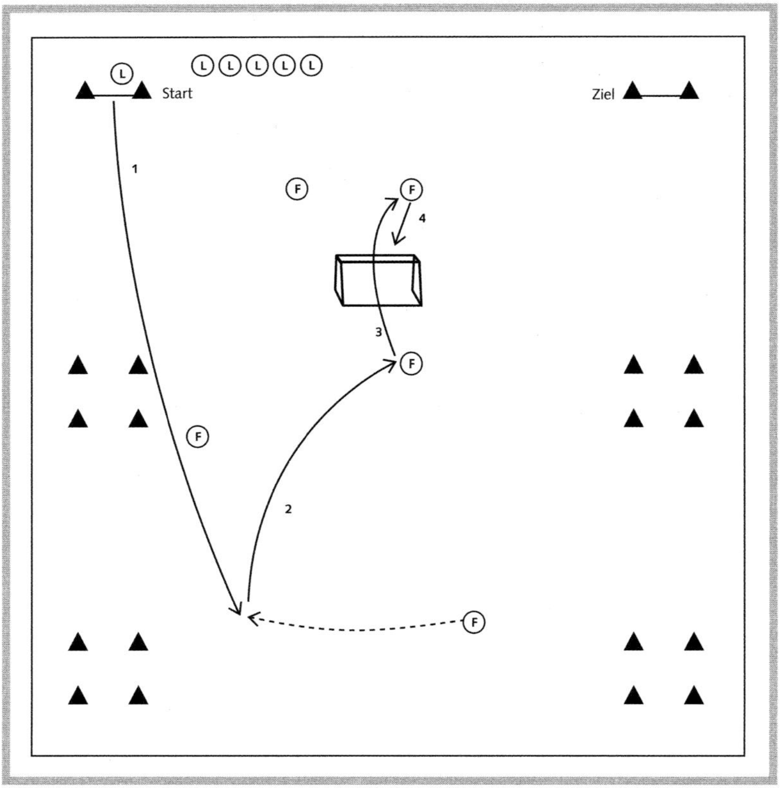

- Wenn der Ball außerhalb des Spielfeldes aufspringt, ist der Werfer verbrannt.
- Spieler der Läufermannschaft, die sich zwischen zwei Markierungen befinden, wenn der Ball ins Tor fliegt, sind verbrannt und stellen sich am Ende ihrer Mannschaft an. Sie scheiden also nicht aus, erhalten jedoch keinen Punkt.

Spielzeit:
Jede Mannschaft spielt eine bestimmte Zeit (z. B. 7 Minuten).
Die Mannschaft mit den meisten Punkten gewinnt.

Variante 2: Schießen und Werfen (Spielfeld ca. 40 m mal 30m):

Spielbeschreibung:
Der erste Spieler der Läufermannschaft A schießt einen Ball mit einem Abschlag (direkt oder als Drop-Kick) aus der Hand oder wirft ihn ins Spielfeld. Anschließend läuft er wie bei Variante 1 von Markierung zu Markierung. Landet der Ball im Spielfeld, werfen / schießen ihn die Spieler der Feldmannschaft so schnell wie möglich ins Tor.

Zusatzregel:
Die Feldmannschaft B versucht, den Ball zu fangen, denn dann ist der Spieler «verbrannt» und stellt sich hinten an, ohne einen Punkt zu erhalten.

Variationen:

- *Zusatzaufgabe für die Läufermannschaft:* Die Läufer erhalten einen zweiten Ball und dribbeln mit Fuß oder Prellen mit Hand um das Spielfeld.
- *Mit Torwart:* Ein Spieler der Läufermannschaft befindet sich im Tor und versucht zu verhindern, dass die Feldmannschaft ein Tor erzielt. Es ist nur ein Schuss erlaubt, dann startet der nächste Läufer. Ein Tor bringt zwei Bonus-Punkte für die Feldmannschaft.
- Um die Aufgabe zu erschweren, kann das Tor der Feldmannschaft abgewendet sein, damit die Aufgabe, den Ball ins Tor zu schießen, nicht zu leicht ist.

Wettspiel 3: Fang die Dribbler

Wie schon im Spiel «Brenn-Fußball» treten eine Feld- und eine Dribbelmannschaft gegeneinander an.

- Die Dribbler stehen mit Ball an der Startlinie (z. B. an der Grundlinie).

- Der erste Dribbler hat einen zweiten Ball, den er weit ins Feld schießt. Sofort dribbeln er und seine Mitspieler möglichst schnell von der Grundlinie aus um eine Wendemarke und versuchen, die Ziellinie zu überdribbeln, bevor die Feldmannschaft den Ball ins Ziel geschossen hat.
- Jeder Dribbler, der noch nicht im Ziel ist, bringt einen Punkt für die Feldmannschaft. Jeder Spieler der Dribbelmannschaft schießt einen Ball ins Feld, dann wechseln die Aufgaben. Die Feldmannschaft wird zur Dribbelmannschaft und umgekehrt.
- Die Mannschaft, die die meisten Dribbler gefangen hat, gewinnt das Spiel.

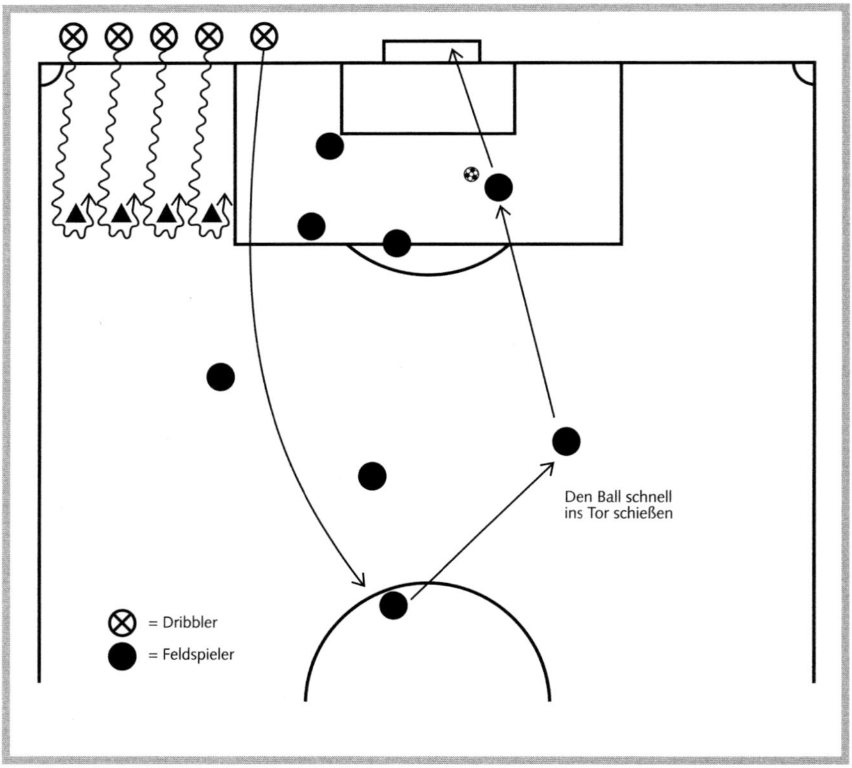

Methodische Hinweise:

Der Trainer sollte die Entfernung der Wendemarken für die Dribbler so gestalten, dass für jede Partei eine faire Chance zum Sieg besteht. Kommen immer alle Dribbler durchs Ziel, dann sind die Abstände zu kurz. Haben die Dribbler keine Chance, ins Ziel zu kommen, dann sind die Wendemarken zu weit entfernt. Entweder verkürzt man dann die Abstände oder erschwert die Aufgabe für die Feldmannschaft (z. B. Tor umdrehen).

Mögliche Tore sind:
kleiner Kasten (in einer Turnhalle), Leder in Richtung Feldspieler oder Kasten umgedreht (Leder von den Feldspielern entfernt), Matte an der Wand, zwei Fahnenstangen oder Hütchen, Tor mit Netz (Torlinie in Richtung Feldmannschaft oder Tor umgedreht, so dass ein Direktschuss ins Tor nicht möglich, sondern vorher ein Pass am Tor vorbei erforderlich ist.

Wettspiel 4: Alaska-Fußball

Beim «Alaska-Fußball» wenden die Kinder in spielerischer Form Spannstöße, Ballführung auf engem Raum und Tempodribbling sowie gezielte Innenseitstöße an.

Spielregeln:
- Der erste Spieler der Dribbelmannschaft erhält zwei Fußbälle (siehe Bild). Den einen schießt er ins Spielfeld, und mit dem zweiten dribbelt er um seine Mitspieler. Jede Dribbelrunde ergibt einen Punkt für seine Mannschaft.
- Es ist darauf zu achten, dass der geschossene Ball im abgesteckten Feld (entsprechend der Schussstärke der Spieler) landet. Sonst kann es passieren, dass ein Spieler den Ball so weit schießt, dass er unerreichbar wird. Dann dauert es sehr lange,

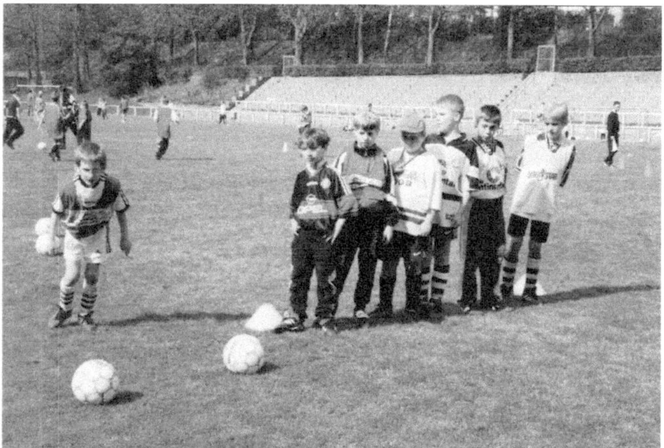

Bild 1: «Alaska-Fußball»-Start

bis man das Spiel fortsetzen kann, und es kommen Langeweile und Frust auf. In der Halle kommt dieses Problem nicht auf, weil der Ball dann von der Hallenwand zurückprallt.

Die Aufgabe der Feldmannschaft kann unterschiedlich lauten:

- Fängt einer der Feldspieler den Ball, so erhält der Schütze keinen Punkt. Wenn der Fußball nicht gefangen wird, setzt der Feldspieler, der zuerst am Ball ist, seinen Fuß auf den Ball.
- Die übrigen Spieler seiner Mannschaft stellen sich in einer Reihe gegenüber auf.
- Der Spieler schießt den Ball mit der Innenseite durch die Beine seiner Mitspieler. Der letzte Spieler nimmt den Ball mit dem Fuß an und dribbelt schnell an seiner Gruppe vorbei zum Schützen und ruft laut: «Stopp!».
- Bis zu diesem Zeitpunkt dribbelt der Spieler der anderen Mannschaft um seine Gruppe und sammelt Punkte für sich und seine Mannschaft.

Wenn alle Spieler an der Reihe waren, wechseln die Aufgaben. Die Mannschaft mit den meisten Dribbelrunden (Punkten) gewinnt das Spiel.

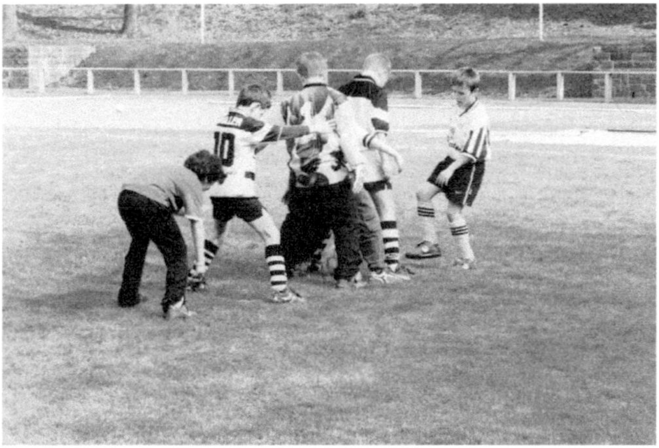

Variationen:

- Die Aufgaben der Feldspieler können unterschiedlich sein. So könnte der erste Spieler, der den Ball erreicht, um seine Mitspieler dribbeln und am Ende laut «Stopp!» rufen. Dabei sollte der Trainer darauf achten, dass seine Mitspieler stehen bleiben. Die Kinder versuchen erfahrungsgemäß, den Dribbelvorgang zu verkürzen, indem sie um den Dribbler herumlaufen.
- Der Start könnte dadurch verändert werden, dass ein neutraler Spieler den Ball aus ca. 5 bis 7 Metern Entfernung zuwirft und der Startspieler den Ball volley ins Feld

zurückschießt. Anschließend nimmt er den zweiten Ball und dribbelt um seine Mitspieler.

Dem kreativen Jugendtrainer werden sicher weitere Möglichkeiten der Veränderung einfallen

Wettspiel 5: Fußball-Rundlauf

Das Spiel «Fußball-Rundlauf» eignet sich durch sein flexibles Regelwerk für alle Alters- und Leistungsklassen, vom Anfänger bis zum «Profi». Es benötigt nicht viel Platz und ist sowohl für die Halle als auch für den Sportplatz geeignet. Auf dem Spielfeld können Wettkämpfe und Turniere stattfinden. Die Spieler sollten jedoch

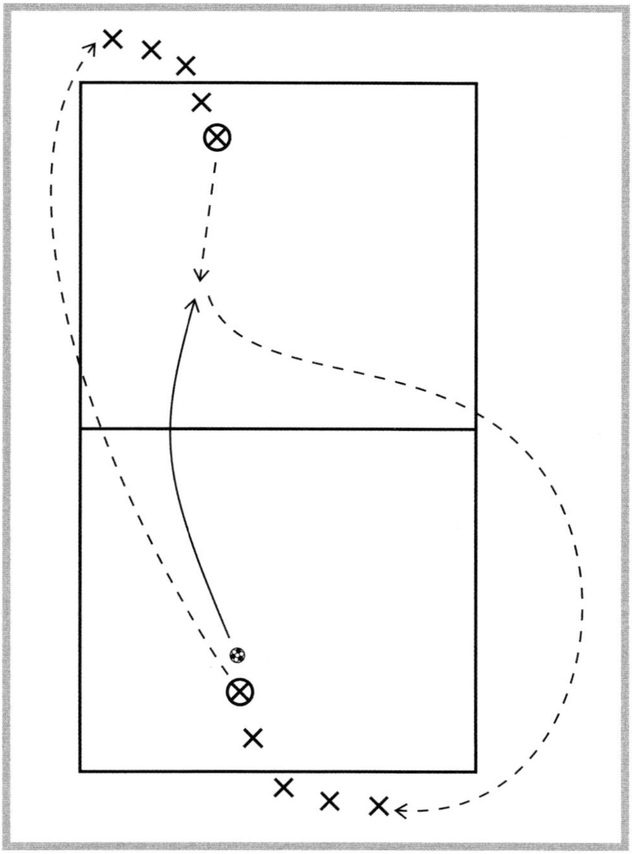

vorher die grundlegenden Techniken ohne Punktwertung üben. Für das Spiel «Fußball-Rundlauf» benötigt man kein Netz. Hütchen markieren die Felder und den Netzbereich.

Anmerkung:

Das Spielfeld kann auch zu einer Trainingsform genutzt werden. Der Trainer nennt unterschiedliche Aufgaben (Flugbälle mit Spann, Ballannahme mit der Brust, dem Oberschenkel, Kopf). Dadurch gewinnen die Spieler die Sicherheit, die sie brauchen, um das Spiel nach den Regeln für Fortgeschrittene oder Profis zu spielen.

Spielregeln für Anfänger

Der erste Spieler im Feld A schießt den Ball mit dem Spann aus der Hand über die Mittellinie.

Mindesthöhe: Kopfhöhe der Spieler.

Anschließend läuft er zur anderen Seite und stellt sich dort an.

Der erste Spieler im Feld B versucht, den Ball zu fangen. Gelingt ihm dies, schießt er den Ball zur anderen Spielfeldhälfte. Fällt der Ball auf den Boden, verliert er einen Punkt seines Punktekontos (2–10 Punkte je nach Zielsetzung). Die Spieler wechseln nach jedem Flugball zur anderen Seite.

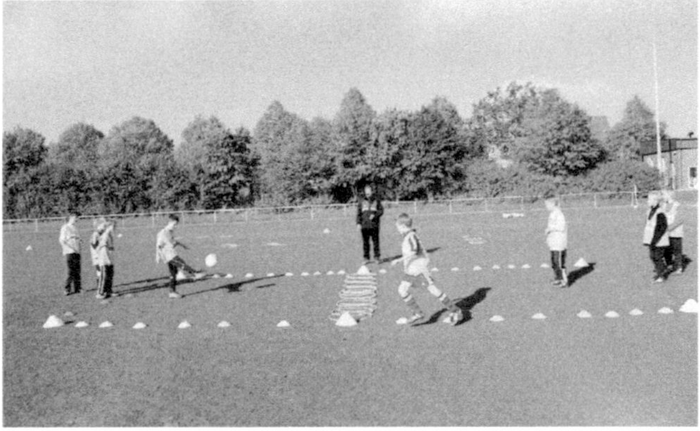

Wertungsmöglichkeiten:

- Wer als erster sein Punktekonto verbraucht, verliert das Spiel. Das Spiel beginnt dann neu. *Anmerkung:* Wenn man dieses Ende des Spieles wählt, sollten die Spieler ein möglichst großes Punktekonto haben. Der Spaß steht somit im Vordergrund und nicht das Gewinnen!
- Welche beiden Spieler bleiben übrig und gewinnen das Spiel?

Variationen:

- Der Ball soll einmal im gegenüberliegenden Feld aufspringen, bevor der Spieler den Ball fängt.
- Nach dem Aufspringen sollen die Spieler den Ball einmal mit Fuß, Oberschenkel oder Kopf hochspielen, bevor sie den Ball fangen.

Spielregeln für Fortgeschrittene

- Es gelten die Grundregeln wie bei den Anfängern.
- Der erste Spieler im Feld B spielt den Ball nach einem Bodenkontakt zur anderen Seite, ohne seine Hände zur Hilfe zu nehmen.
- Er darf den Ball vorher mit beliebig vielen Ballkontakten «verarbeiten». Es ist jedoch ratsam, den Ball so schnell wie möglich zur gegenüberliegenden Seite zu spielen.

Wertungsmöglichkeiten:

- Wer hat als erster sein Punktekonto verbraucht?
- Welche zwei Spieler bleiben übrig und gewinnen das Spiel? Diese könnten auch den Sieger ausspielen. Dazu spielen sie abwechselnd Angaben zur anderen Seite. Jeder Fehler bringt einen Punkt für den Gegner. Wer hat als erster zwei Punkte?
- Wer gewinnt als erster drei Spiele und ist der König?

Spielregeln für «Profis»

- Es gelten die Grundregeln wie bei den Anfängern und Fortgeschrittenen.
- Der Ball darf den Boden nicht mehr berühren. Die Spieler berechnen die Flugbahn des Balles und laufen schnell zum möglichen Aufprallpunkt. Dort nehmen sie den Ball mit dem Fuß, Oberschenkel oder Kopf an oder spielen ihn direkt mit dem Spann oder der Innenseite zurück ins andere Feld.

Variationen:

- Es sind nur zwei Ballkontakte erlaubt (Ballannahme und Rückspiel).
- Der Ball darf nur noch direkt gespielt werden.
- Spieltechnik (z. B. Rückspiel mit dem Spann oder der Innenseite) sind vorgegeben.

Wertungsmöglichkeiten:

- Jeder Spieler hat nur noch einen Punkt. Bei einem Fehler scheidet er aus.
  Anmerkung: Bei dieser Variante sollte die Anzahl der Spieler pro Feld nicht größer als fünf sein. Der Trainer sollte daher mehrere Felder aufbauen, damit möglichst viele Spieler im Einsatz sind.

- Welche zwei Spieler bleiben übrig und gewinnen das Spiel? Diese spielen den Sieger (vgl. Regeln für Fortgeschrittene!) aus. Wer gewinnt als erster drei Spiele und ist der König?

Wettspiel 6: Fußballtennis ohne Netz

Vorbemerkungen:

- Das Spiel Fußballtennis ohne Netz ist leicht verständlich, problemlos organisierbar und höchst effektiv vor allem für die technische Ausbildung des einzelnen Spielers.
- Es kann auf dem Sportplatz oder auf einer beliebigen freien Spielfläche als Einzel- oder Turnierwettbewerb in Mannschaftsrahmen durchgeführt werden.

Anordnung der Spielfelder

Auf einer Sportplatzhälfte können bis zu zwanzig Spieler (in zehn Spielgruppen) gleichzeitig spielen. Es ist ratsam, die auf der Sportplatzhälfte vorhandenen Markierungslinien (Torauslinie, Seitenauslinien, Strafraumlinie und Mittellinie) zu nutzen.

Materialbedarf

Als Materialien sind neben den Bällen lediglich Markierungskegel notwendig, um die genaue Spielfläche des jeweiligen Spielfeldes (vgl. Zeichnung) zu verdeutlichen.

Aufstellungsform:

A und B halten sich in einem 5 m x 5 m großen Spielfeld auf.

Das Spielfeld ist mit Markierungskegeln gekennzeichnet. A ist in Ballbesitz.

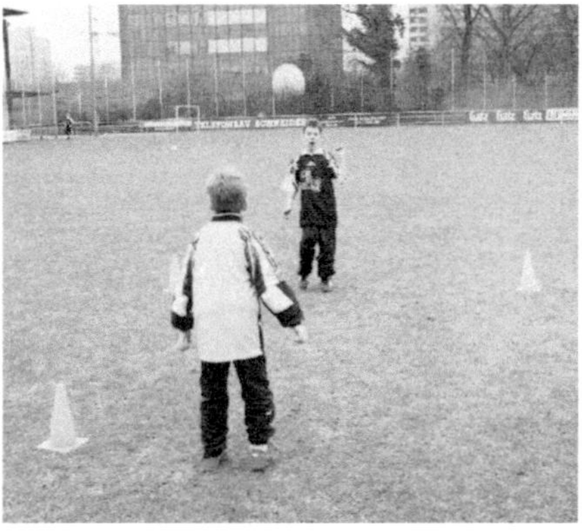

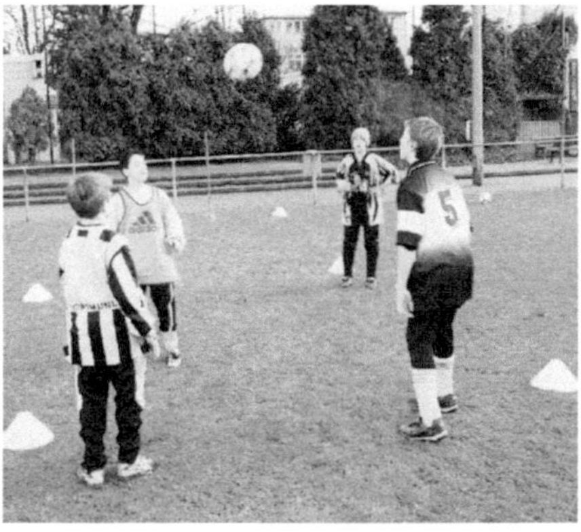

- Bei Spielbeginn und nach jeder Spielunterbrechung erfolgt das Anspiel als Spannstoß aus der Hand.
- Der Ball muss mindestens 50 cm über Kopfhöhe hoch gespielt werden.
- Der Ball darf jeweils nur einmal im Spielfeld aufspringen.
- Der Ball darf nach dem Aufspringen nur einmal berührt werden, kann aber wahlweise mit dem Fuß, Oberschenkel oder Kopf gespielt werden.
- Landet der hoch gespielte Ball außerhalb des Spielfeldes oder macht der Spieler einen Fehler, erhält der gegnerische Spieler einen Punkt.

Wertungsmöglichkeit

- Sieger ist der Spieler, der in der festgelegten Spielzeit die meisten Punkte erzielt.
- Sieger ist der Spieler, der zuerst 15 Punkte erreicht.

Variationen

- Nach dem Aufspringen darf der Ball beliebig oft mit dem Fuß, Oberschenkel oder Kopf berührt werden, bevor er wieder hoch gespielt wird.
- Das Spielfeld wird bis auf die Größe von 10 m x 10 m erweitert. Ein dritter Spieler kommt hinzu. Der Ball muss von den Spielern in festgelegter Reihenfolge hoch gespielt werden. Der Spieler, der den Ball nicht wieder spielen kann, erhält einen Minuspunkt. Erreicht ein Spieler eine zu Spielbeginn vorgegebene Anzahl Minuspunkte, so scheidet er aus.

Aufgabenstellung

Je nach Ausbildungs- und Könnensstand der Spieler sind unterschiedliche Aufgabenstellungen möglich. Dabei kann der Trainer beispielsweise hinsichtlich des Spielbeins, der Schusstechnik (Innenseite, Vollspann, Innenspann, Außenspann) und der Ballannahmetechnik (Spann, Innenseite, Außenseite, Oberschenkel, Brust, Kopf) unterschiedliche Schwerpunkte vorgeben.

Methodische Hinweise:

Zwei wesentliche Aspekte, die für die Spieler bei der Durchführung dieser Spielform zum Tragen kommen, sind zu unterstreichen:

- Die Spieler können spaß- und erlebnisorientiert Motivation für ihr weiteres Training gewinnen.
- Die Spieler erhalten Anregungen, wie sie in ihrer Freizeit selbstgesteuert und selbständig in Nachahmung des früheren Straßenfußballs spielen können. Gerade das zusätzliche Trainieren in Eigenregie außerhalb des Vereinstrainings muss heutzutage immer wieder vom Trainer gefördert und gefordert werden!

Mit dieser Spielform können folgende Schwerpunkte trainiert werden:
- zielgenaues und dosiertes Schießen des Balls
- kontrollierte Ballannahme
- geschicktes Stellungsspiel, um eine möglichst große Spielfläche abzuschirmen
- ständiges Verändern der eigenen Spielposition entsprechend dem Ballverlauf
- rechtzeitiges Einnehmen der neuen Spielposition, um vor der Ballberührung möglichst hinter den Ball zu gelangen
- blitzschnelles Reagieren auf gegnerische Aktionen
- gezieltes Ausnutzen von gegnerischen Stellungsfehlern

Wettspiel 7: Dribbler gegen Jongleure

Einleitung:

Beim Spiel «Dribbler gegen Jongleure» bestimmt eine Mannschaft (Dribbler) die Zeit, die einer zweiten Mannschaft (Jongleure) zur Verfügung steht, um Punkte zu sammeln. Der Reiz dieses Spieles geht vom Zeitdruck aus, den die Dribbler auf die Jongleure ausüben, indem sie möglichst schnell ihre Dribbelaufgabe erledigen. Während die Dribbler eine anstrengende, aber technisch einfache Aufgabe erfüllen, lösen die Jongleure eine technisch und koordinativ anspruchsvolle Aufgabe mit hoher Konzentration.

Spielregeln:

- Der Trainer bildet zwei Mannschaften mit gleicher Spielerzahl.
- Nach dem Startsignal des Trainers dribbeln alle Spieler der Mannschaft A gleichzeitig mit ihrem Ball um ein Quadrat mit der Seitenlänge von 10 bis 15 Metern.
- Parallel dazu jongliert der erste Spieler von Mannschaft B einen Ball, wobei jeder Ballkontakt (Fuß, Oberschenkel, Kopf) einen Punkt zählt.
- Der Ball darf den Boden berühren. Es ist jedoch nicht erlaubt, den Ball mit der Hand zu berühren. Wenn der Ball auf dem Boden liegen bleibt, muss ihn der Spieler mit dem Fuß wieder hochspielen.
- Wenn der letzte Dribbler über die Ziellinie dribbelt, hört der Trainer auf, die Ballkontakte des Jongleurs zu zählen.
- Nach 2–4 Dribbeldurchgängen (je nach Größe der Mannschaften) wechseln die Mannschaften ihre Aufgaben, damit die Dribbler eine Erholungspause erhalten.
- Jeder Spieler jongliert einmal. Bei ungleicher Spielerzahl wählt der Trainer einen Spieler aus, der zweimal jongliert.

- Der Trainer notiert die Ballkontakte der einzelnen Jongleure.
- Sieger ist die Mannschaft, die die meisten Ballkontakte erzielt.

Die Dribbler dribbeln im höchsten Tempo um die Markierung, damit der Jongleur so wenig Zeit wie möglich zur Verfügung hat, um Punkte zu sammeln. Der Jongleur versucht, bis zum Stopp-Signal so viele Ballkontakte zu erzielen wie möglich.

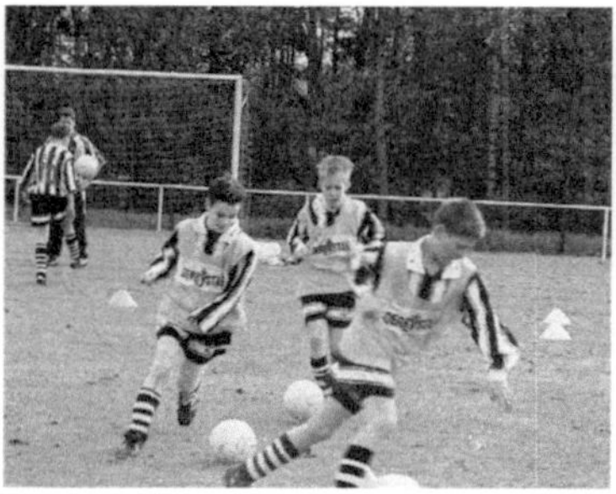

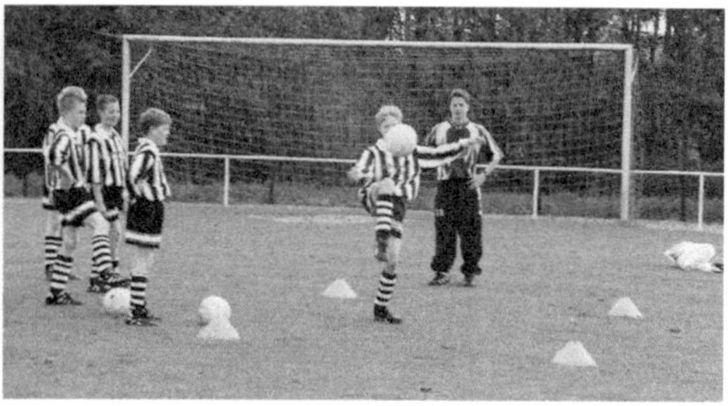

Organisationsform: Dribbler gegen Jongleure

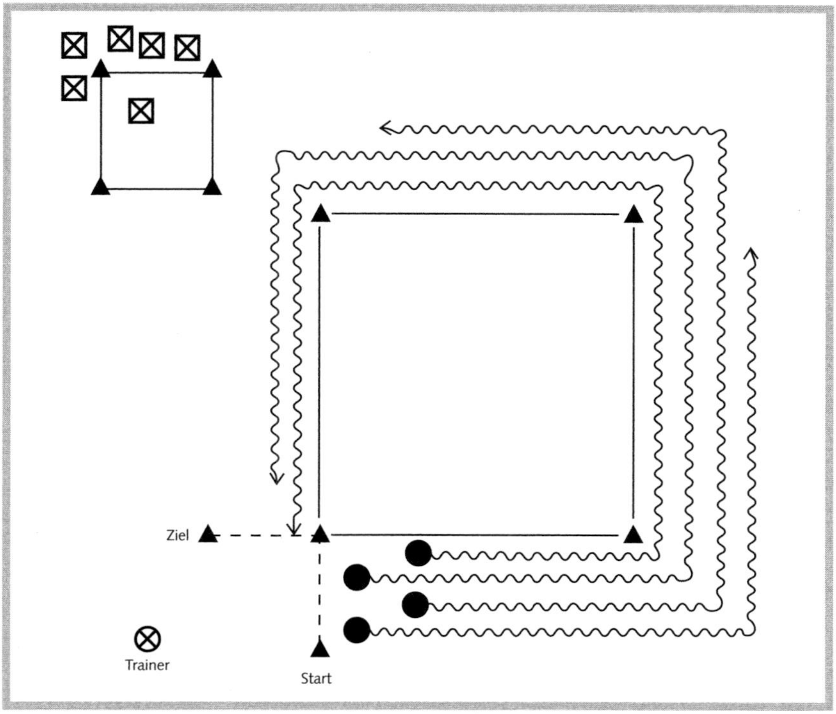

Variationen an der Dribbelstation:

- Der Trainer kann die Aufgabe für die Dribbler variieren.
- So kann z. B. das einfache Dribbeln um ein Quadrat erschwert werden, indem die Dribbler einen Slalom-Parcours mit Hütchen umdribbeln.

Das Prinzip dieser Station sollte jedoch erhalten bleiben:

- Alle Spieler erfüllen gleichzeitig eine Aufgabe, die sie auch physisch fordert.
- Die Kontrolle über die exakte Erledigung der Aufgabe sollte sehr einfach sein, damit der Trainer sich auf das Zählen der Punkte in der anderen Gruppe konzentrieren kann.

Variation: Dribbler gegen Jongleure im Stationsbetrieb

Der Trainer bildet drei gleich starke Mannschaften und organisiert ein Turnier mit unterschiedlichen Funktionen: Dribbeln, Jonglieren und Zählen.

1. Runde: A dribbelt – B jongliert und C zählt
2. Runde: B dribbelt – C jongliert und A zählt
3. Runde: C dribbelt – A jongliert und B zählt

Jeder Spieler der Zählmannschaft zählt einen Jongleur. Die Dribbler geben die Zeit vor.

Welche Mannschaft hat die meisten Ballkontakte beim Jonglieren?

Wettspiel 8: Dribbling gegen Technik

A) Dribbling gegen Direktspiel

Wie beim Spiel Dribbler gegen Jongleure gelten folgende Grundsätze:

- Die Mannschaft A erledigt an der Zählstation eine koordinativ-technische Aufgabenstellung. Ihre Leistung lässt sich durch das Zählen der Ballkontakte ermitteln.
- Die Spieler der Mannschaft B erfüllen gemeinsam eine Aufgabe, die sie konditionell fordert. Sie bestimmt durch die möglichst schnelle Erledigung ihrer Aufgabe die zur Verfügung stehende Wettkampfzeit.
- Die Kontrolle über die exakte Ausführung der Aufgabe der Mannschaft B sollte sehr einfach sein, damit der Trainer sich auf das Zählen der Punkte in der Gruppe A konzentrieren kann.

Nach dem Startsignal beginnt die Mannschaft A mit dem Direktspiel flacher Bälle, während die Mannschaft B so schnell wie möglich um ein Quadrat (Rechteck) dribbelt.

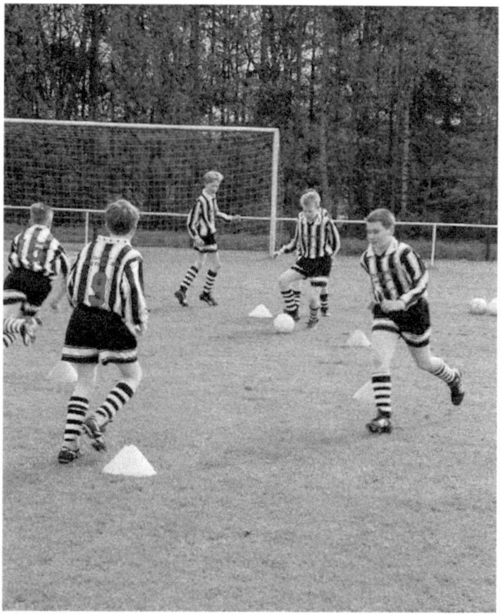

- Die Mannschaft der Direktspieler passt den Ball so schnell wie möglich hin und her, denn jeder Ballkontakt zählt einen Punkt.
- Es ist nicht erlaubt, den Ball innerhalb des vorgegebenen Quadrats/Rechtecks zu spielen.
- Jeder Spieler läuft um die Wendemarke herum, bevor er den Ball erneut passen darf.

B) Dribbling gegen Kopfball

Der erste Spieler der Mannschaft A hat den Ball in der Hand und wartet auf das Startsignal. Er wirft den Ball hoch, köpft ihn zum Mitspieler. Nach dem Kopfball sprintet er sofort zur anderen Seite.

Sein Gegenüber fängt den Ball, wirft ihn hoch und köpft ihn zurück zum Ausgangspunkt. Der Ball wandert somit immer hin und her, jeder Kontakt ergibt einen Punkt für die Mannschaft A.

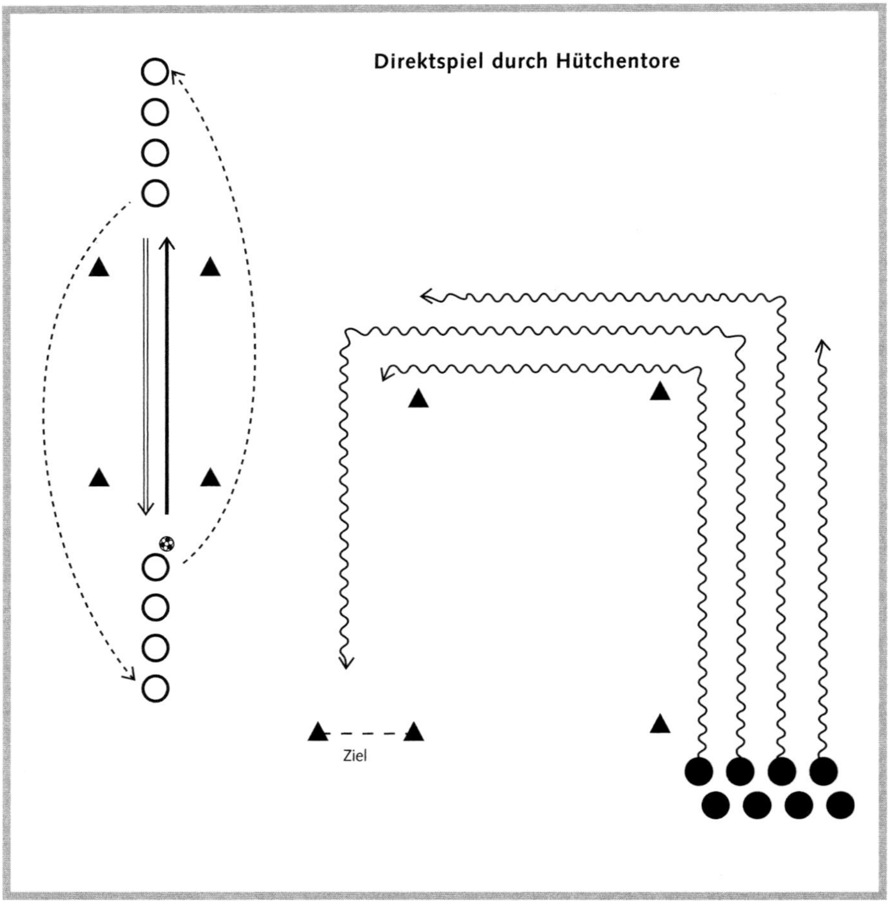

Direktspiel der Mannschaft A

Dribbling der Mannschaft B um die Markierungshauben

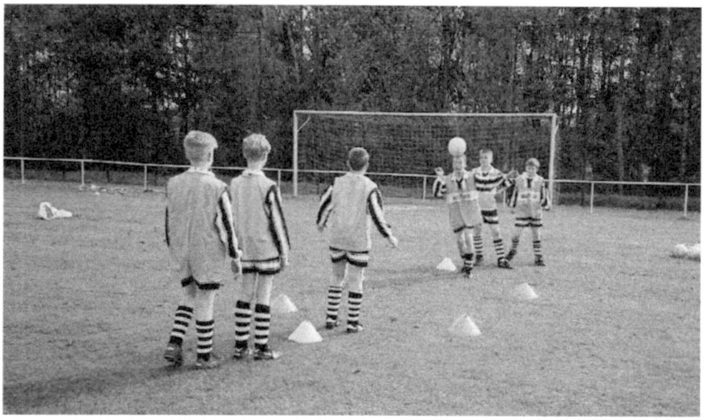

Variation für Fortgeschrittene:
Es zählen nur Kopfbälle, die direkt zur anderen Seite zurückgespielt werden. Der erste Kopfball dient als Auftakt und wird nicht als Punkt gewertet. Fällt der Ball zu Boden, startet der nächste Spieler mit einem Kopfball nach eigenem Hochwerfen des Balles.

Weitere mögliche Aufgabenstellungen sind:
- Die Spieler werfen den Ball mit beiden Händen schnell hin und her.
- Sie spielen sich den Ball direkt aus der Hand zu (Innenseite, Spann).
- Der Ball wandert per Drop-Kick hin und her.

Wettspiel 9: Flachball

- Das Spielfeld wird in drei Abschnitte unterteilt. In der Mitte befinden sich die Torhüter, die vom Trainer bestimmt werden.
- Die Spieler in den beiden Außenzonen haben die Aufgabe, ihre Bälle flach (bis zur Hüfte) möglichst oft an den Torhütern vorbeizuschießen.
- Jeder Spieler, der einen Ball durch die Mittelzone zur anderen Seite schießt erhält einen Punkt.
- Wenn ein Torwart einen Ball hält, wechselt er seinen Platz mit dem Schützen.
- Der Spieler mit der höchsten Punktzahl gewinnt.

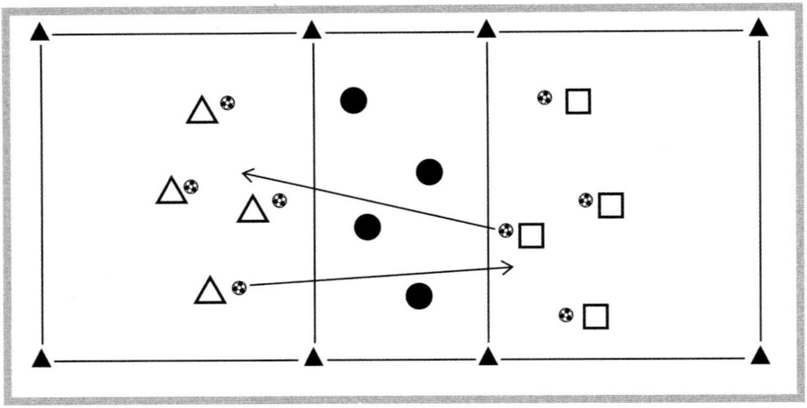

Flachball

Wettspiel 10: Spiel auf vier Tore

- Jede Mannschaft (5–7 Spieler) verteidigt zwei Tore.

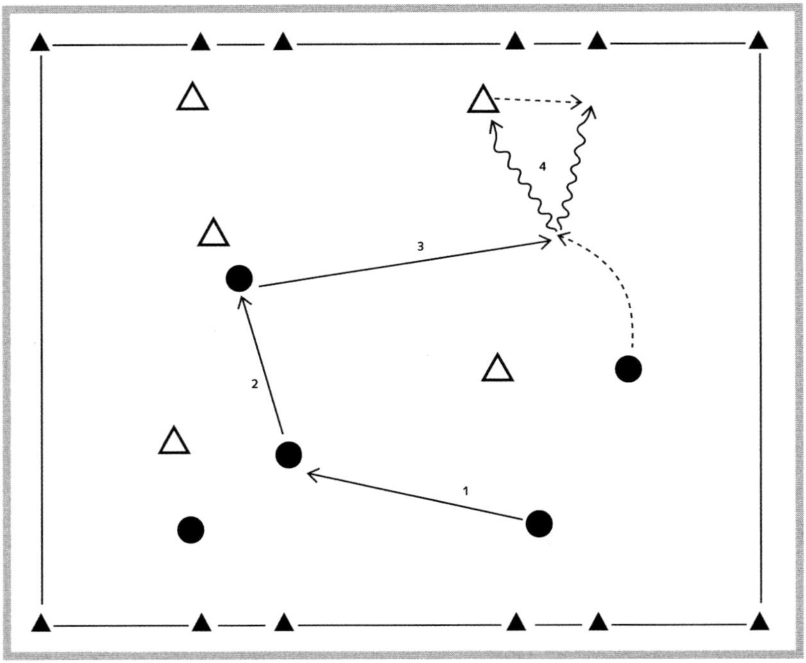

Hinweis:
Durch dieses Spiel lernen die Spieler, den gesamten Raum zu nutzen und blitzschnell einen Seitenwechsel einzuleiten.

Wettspiel 11: Bälle vom Hütchen schießen

- Zwei Mannschaften versuchen aus 5–10 m Entfernung Bälle von den Hütchen zu schießen, die sich auf der Mittellinie befinden.
- Schüsse sind nur von der Schusslinie erlaubt.

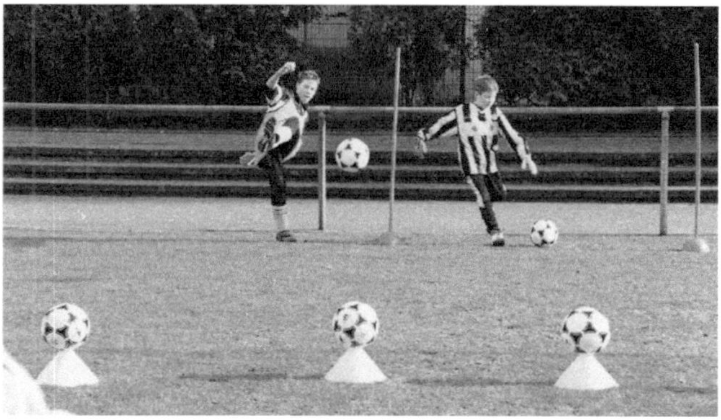

Dieses Spiel verbessert die Schussgenauigkeit und macht Kindern enorm Spaß. Wichtig ist die Wahl des richtigen Abstands zu den Bällen. Die Schusslinie darf beim Schießen nicht überschritten werden. Wenn ein Ball in der Schusszone liegt, holen ihn die Spieler und legen ihn auf die Schusslinie.

Wenn eine Mannschaft mehr als die Hälfte der Bälle heruntergeschossen hat, beginnt der nächste Durchgang. Wer hat als erster 3 (5, 10) Punkte?

Wettspiel 12: Handball-Kopfball ohne Torwart

- Zwei Mannschaften spielen auf zwei Tore. Die Spieler werfen sich den Ball mit den Händen zu.
- Prellen des Balls und mehr als drei Schritte mit Ball in der Hand sind nicht erlaubt.

- Tore dürfen nur mit dem Kopf erzielt werden.
- Im Torbereich (abgesteckt mit Hütchen) dürfen die Abwehrspieler nur mit dem Kopf abwehren.

Wettspiel 13: Einwurf-Treffball

- Die Spieler versuchen über die neutrale Zone hinweg einen Gegner mit einem regelgerechten Einwurf zu treffen.
- Jeder Treffer bringt einen Punkt.
- Ein gefangener Ball zählt nicht als Treffer.
- Ein Treffer ist nur gültig, wenn der Ball den Spieler direkt trifft. Wenn der Ball vorher den Boden berührt, ist der Treffer ungültig.
- Der Trainer zählt die gültigen Treffer und bestimmt den Gewinner.

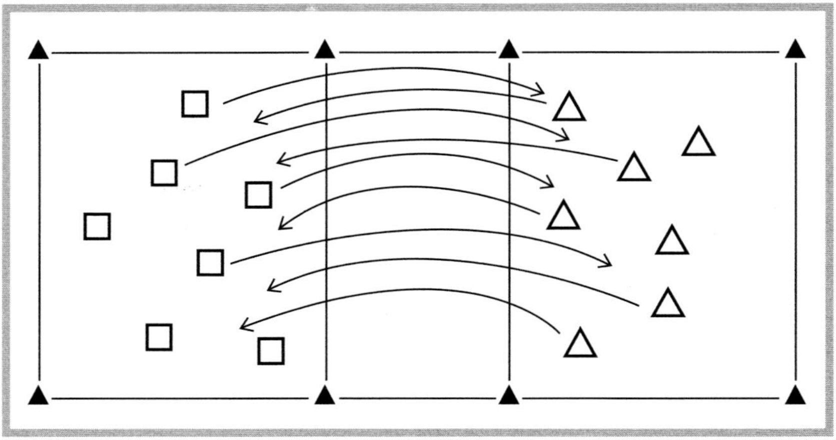

Wettspiel 14: Spiel auf ein Tor mit Torwart

Diese Spielform entspricht der von Experten vielfach aufgestellten Forderung, möglichst viele Elemente des früheren Straßenfußballs in das heutige Vereinstraining aufzunehmen. Sie bietet den Spielern vielfältige und freie Handlungs- und Erfahrungsfelder in Angriff und Abwehr.

Aufstellungsform

Jede Mannschaft besteht aus 3–5 Spielern.

Im Tor (5 m breit bzw. Normaltor) steht ein neutraler Torwart.

Parallel zur Torlinie ist in 25 m Entfernung eine Linie markiert, die das Spielfeld abgrenzt.

Vorteile dieser Spielform:

- Mit der Spielform kann der Trainer auf einer Sportplatzhälfte bis zu zwanzig Spieler gleichzeitig beschäftigen.
- Diese Spielform ist den Spielern leicht verständlich und für den Trainer ohne großen Aufwand zu organisieren.
- Als Materialien sind neben den Bällen und Toren lediglich Markierungskegel notwendig, um die Spielfläche des jeweiligen Spielfeldes abzugrenzen. Empfehlenswert sind weiterhin Markierungshemdchen zur Unterscheidung der beiden Mannschaften.
- Durch den überschaubaren Spielraum und die geringe Spielerzahl hat jeder Spieler viele Ballkontakte und ist aktiv am Spielgeschehen beteiligt.
- Spielsituationen und Spielhandlungen in Angriff und Abwehr bleiben für alle Spieler übersichtlich und nachvollziehbar.
- Allen Spielern werden Angriffs- und Abwehraufgaben übertragen, so dass auch leistungsschwächere Spieler eine verantwortungsvolle Rolle innerhalb ihrer Mannschaft übernehmen können.
- Durch diese Spielform erhalten die Spieler Anregungen, wie sie in ihrer Freizeit selbstgesteuert und selbständig spielen können. Das zusätzliche Trainieren in Eigenregie außerhalb des Vereinstrainings kann dadurch wiederbelebt werden!

Mit dieser Spielform können die Feldspieler folgende Schwerpunkte trainieren:

- kontrollierte Ballan- und -mitnahme
- Ballhalten und sicheres Kombinationsspiel
- Freilaufen in die Breite und Tiefe bzw. zum Ballführenden hin
- Dribbling zur Vorbereitung eines Torschusses
- geschickte Abwehrstaffelung in Abstimmung mit den Mitspielern, um den gesamten Abwehrbereich abzuschirmen
- schnelles Umschalten nach Ballverlust bzw. Ballgewinn
- blitzschnelles Reagieren auf gegnerische Aktionen
- gezieltes Ausnutzen von Torschusschancen

Spielregeln

- Vor Spielbeginn wird festgelegt, welche Mannschaft zuerst angreifen darf.
- Nach jedem Torerfolg startet der neue Angriff an der Angriffslinie.

- Der Torwart schlägt abgewehrte Bälle unparteiisch in das Spielfeld. Gelangen die Abwehrspieler in Ballbesitz, können sie den Ball zum Torwart zurückspielen oder zur Angriffslinie passen. Pässe, die absichtlich weit über diese Linie hinaus geschlagen werden, werden mit einen 7-m-Strafstoß (11-m-Strafstoß) bestraft. Kopfballtore zählen doppelt.

Variationen

- Nach einer festgelegten Spielzeit wechselt die Aufgabenstellung.
- Nach jedem Torerfolg ist Wechsel.
- Der Wechsel erfolgt nach drei misslungenen Angriffsversuchen.
- Nur nach Zuspiel eines Mitspielers dürfen Tore erzielt werden.
- Vor dem Torschuss muss jeder Angriffsspieler mindestens einmal den Ball berührt haben.
- Vor dem Tor ist ein neutraler Torraum markiert, der von den Feldspielern nicht betreten werden darf.
- Beide Mannschaften wehren gleichzeitig ab und greifen gleichzeitig an.
- Es wird ohne neutralen Torwart gespielt, sodass die abwehrende Mannschaft diesen stellen muss und somit in Unterzahl spielt.

Wertungsmöglichkeit

- Welche Mannschaft erzielt die meisten Tore?

Wettspiel 15: Linien-Dribbel-Spiel

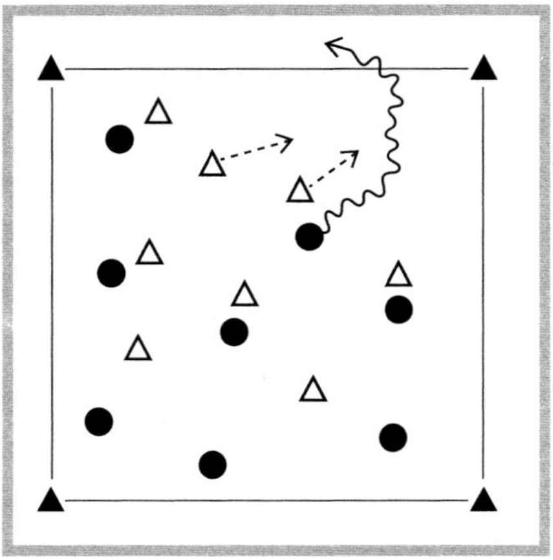

- Die Spieler werden in zwei Mannschaften zu 4–8 Spielern geteilt.
- Das Spielfeld ist 20 x 40 Meter groß.
- Die Torlinie befindet sich zwischen den Endhütchen.
- Ein Tor ist erzielt, wenn ein Spieler über die Torlinie des Gegners dribbelt.
- Es ist nicht erlaubt, den Ball über diese Linie zu schießen

Wettspiel 16: Völker-Fußball

Ein bei Kindern beliebtes Spiel heißt Völkerball. Das Grundprinzip dieses Spieles lautet: «Lass dich nicht abtreffen – weiche aus oder fang den Ball.»

Beim Völker-Fußball wird der Ball nicht geworfen, sondern mit dem Fuß vom Boden, als Volley oder Drop-Kick geschossen. Es schult sehr gut die Fähigkeit, auf zugeschossene Bälle zu reagieren und diese sicher zu fangen (wichtig für Torhüter!).

Aufstellungsform:

Die Spieler der Mannschaften A und B befinden sich im Feld 20 m x 10 m, das durch eine Mittellinie halbiert wird. Um das Innenfeld herum befindet sich das Angriffsfeld der gegnerischen Mannschaft. An den Kopfseiten halten sich die Könige beider Mannschaften auf. Es wird mit einem Lightball oder Softball gespielt.

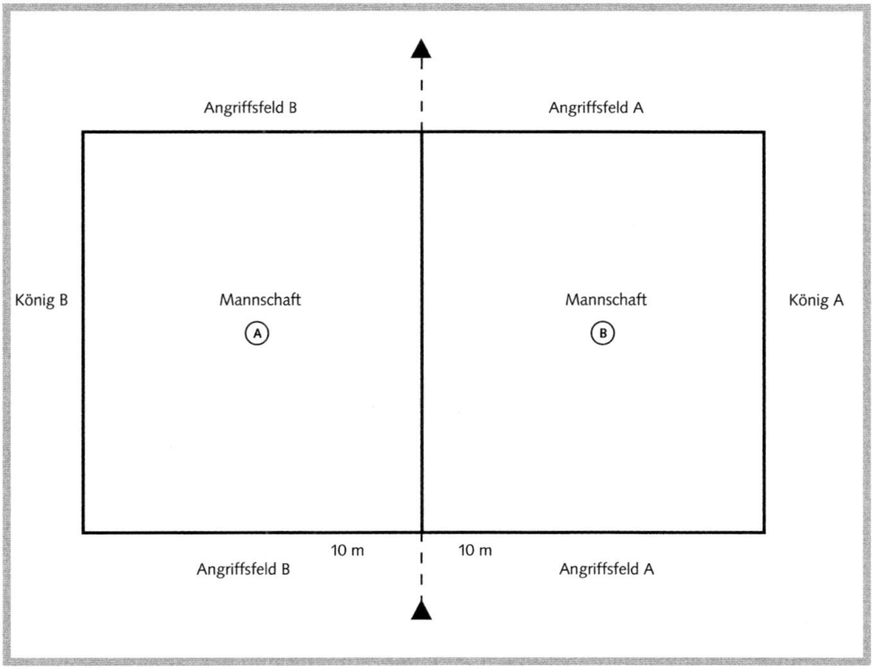

Spielregeln:

- Zu Beginn muss der Ball dreimal zwischen König und Feldspielern über die gegnerische Mannschaft hinweg hin und her gespielt werden. Gelingt dies, versuchen die Angreifer die gegnerischen Spieler «abzuschießen».

- Alle Spieler haben einen Punkt.
- Der Ball wird vom Boden aus geschossen.
- Ein Spieler, der vom Ball getroffen wird, geht in den Angriffsbereich seiner Mannschaft und hilft seinem König, Spieler der anderen Mannschaft zu treffen.
- Wenn ein Spieler den Ball fängt, gilt er nicht als abgeschossen. Dabei darf der Ball nicht auf den Boden fallen.
- Sind alle Spieler einer Mannschaft getroffen, geht der König ins Spielfeld, wird auch er «abgeschossen», hat die andere Mannschaft gewonnen.
- Werden durch einen Schuss zwei Spieler getroffen, müssen beide das Feld verlassen.
- Fängt ein zweiter Spieler den Ball nach einem Treffer, bevor er den Boden berührt, so rettet er seinen Mitspieler.
- *Variation:* Es sind Drop-Kicks oder Volleyschüsse erlaubt.

Variation: Völker-Fußball-verkehrt

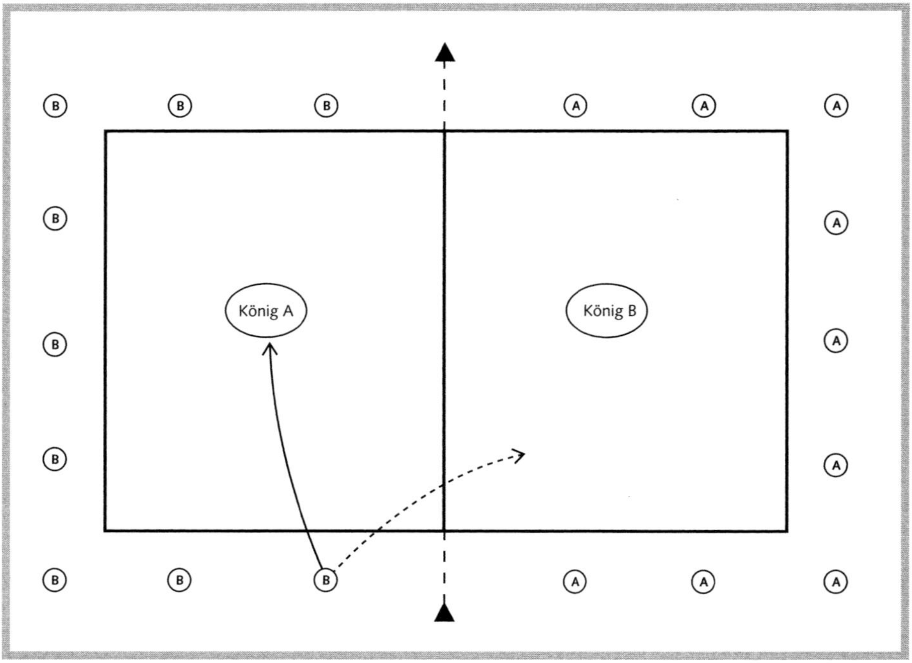

B trifft den König von A und darf nun ins Feld zu seinem König.

In dieser Variante befindet sich der König im Feld und die Spieler außerhalb. Ziel ist es nun, dass alle Spieler ins Feld gelangen. Schießt ein Außenspieler einen Innenspieler ab, darf er ins Feld. Wird er getroffen, muss er das Feld wieder verlassen.

Je mehr Spieler ins Feld kommen, desto leichter wird es für die Gegner, einen Spieler zu treffen, ein ständiger Wechsel findet statt.

Das Spiel endet nach einer vorgegebenen Spielzeit oder wenn der letzte Außenspieler einen Gegner abtrifft.

Spiele für die Halle

Rahmenbedingungen der jeweiligen Sporthalle beeinflussen Trainingsorganisation und Auswahl der Trainingsinhalte des Fußballtrainings in der Halle. So sind z. B. in vielen Hallen Basketballkörbe vorhanden, oft sogar in großer Anzahl. An diesen Basketballkörben kann der Trainer während des Hallentrainings ohne großen organisatorischen Aufwand jeweils einen bzw. zwei Spieler eigenständig und sinnvoll beschäftigen. (vgl. Spiel H 4)

Beim Training während der Schlechtwetterperiode ist die Sporthalle für die Anfängerschulung im Kinder- und Jugendfußball ein idealer Trainingsort, wenn der Trainer die in der Sporthalle vorhandenen Hilfsmittel und Hilfsgeräte nutzt und diese sinnvoll und methodisch geschickt in den Trainingsablauf einbindet. Zahlreiche organisatorische und methodische Variationen, die auf dem Sportplatz aufgrund fehlender Wände und Geräte nicht möglich sind, ermöglichen Abwechslung und zusätzliche Motivation.

Alle Aufwärmspiele und die meisten kleinen Wettkämpfe lassen sich auch in der Halle durchführen.

Es gibt jedoch einige Spiele, die sich besonders für die Halle eignen, weil sie die Rahmenbedingungen (Hallenwände, Hallengeräte bzw. Hallenausstattung) nutzen.

Hallenspiel 1: Gladiator-Soccer

In einem ca. 9 m x 18 m großen Feld (Volleyballfeld), das «Gladiatorfeld» genannt wird, sind fünf kleine Kästen so angeordnet wie die Punkte der «Fünf» auf einem Würfel. (vgl. Zeichnung).

Organisation:

- Außerhalb des «Gladiatorfeldes» befindet sich ein Depot (z. B. Kastenoberteil oder Ballwagen) mit ausreichend vielen Bällen. Wer nicht so viele Fußbälle hat, kann auch auf Volley-, Gymnastik- oder Handbälle zurückgreifen.

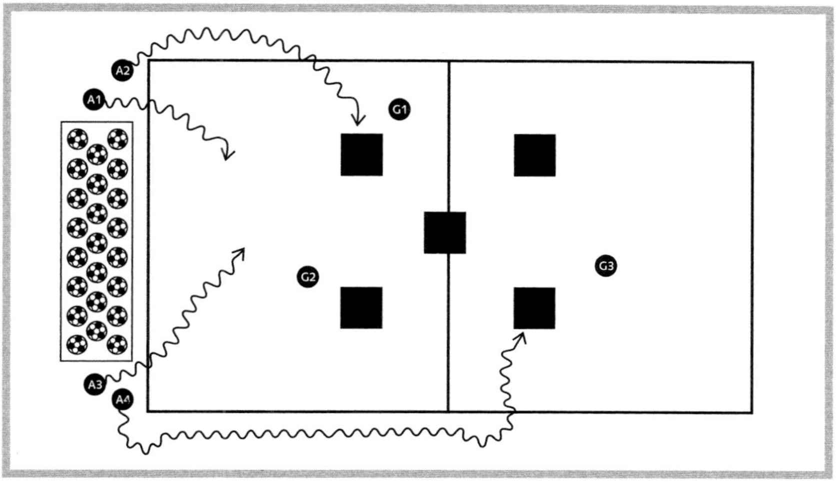

Spielbeschreibung:

- Mannschaft A (4–7 Spieler) versucht, in einer vorgegebenen Zeit (2–5 Minuten) möglichst viele Bälle an den neutralen 2–3 Gladiatoren vorbei in die kleinen Kästen zu befördern.
- Es zählen nur Bälle, die im Kasten liegen bleiben.
- Bälle, die im Kasten sind, dürfen nicht wieder herausgeholt werden.
- Es ist nur erlaubt, die Bälle mit dem Fuß zu bewegen (dribbeln/hineinheben mit einem Fuß oder beiden Füßen).
- Fortgeschrittene heben den Ball einfach mit der Fußspitze in den Kasten, während ihn Anfänger häufig zwischen beide Füße klemmen und mit einem Sprung in den Kasten befördern.
- Ein Ball in den Außenkästen bringt einen Punkt, in der Mitte jedoch 3 Punkte. Daher sollten die Gladiatoren den Mittelkasten besonders gut bewachen.
- Die Gladiatoren dürfen das «Gladiatorenfeld» nicht verlassen. Außerhalb dieses Feldes sind die Angreifer also sicher. Innerhalb des Feldes schießen die Gladiatoren alle Bälle, die sie erreichen können, nach außen.
- Die Angreifer müssen Bälle, die weggeschossen wurden, zurückholen.
- Wenn ein Ball im kleinen Kasten landet, holen sie sich einen neuen aus dem Depot.

Nach der vorgegebenen Zeit starten die Mannschaften B, C, …

Wer die meisten Punkte in derselben Zeit erzielt hat, gewinnt den Wettbewerb.

Variation 1: Neutrale Gladiatoren gegen zwei Mannschaften

Zwei Mannschaften mit 3–6 Spielern starten gleichzeitig von zwei verschiedenen Seiten und spielen gegen 2–3 neutrale Gladiatoren.

Dabei müssen für jede Mannschaft verschiedene Bälle genommen werden.

Z. B. können verschiedenfarbige Gymnastikbälle oder verschieden gekennzeichnete Fußbälle genommen werden.

Variation 2: Wettkampf A gegen B

Mannschaft A und B bestimmen je 2–3 Gladiatoren, die die Kästen gegen die 4–7 Angreifer der anderen Mannschaft verteidigen. Eine Mannschaft besteht somit aus 6 bis 10 Mitspielern (aufgeteilt in Gladiatoren und Angreifer). Die Spielzeit beträgt wieder 2–5 Minuten.

Hallenspiel 2: Billard-Fußball

Zwei Mannschaften verteidigen je nach Hallengröße drei bis fünf Tore (Hütchen, Fahnenstangen), die ca. ein bis zwei Meter von der Hallenwand entfernt postiert werden. Je weiter die Tore von der Wand entfernt sind, desto schwerer kann man ein Tor erzielen.

Variation 1: Doppelpass mit der Wand

Ein Tor ist nur dann gültig, wenn ein Spieler den Ball über die Wand direkt durch das Tor (also von hinten!) schießt. Die Wand fungiert als Doppelpasspartner. Dabei hat er einen enormen Zeitdruck, denn er muss diese Aktion abgeschlossen haben, bevor ein Gegenspieler den Ball erreichen kann.

Variation 2: Zweiter Angreifer

Ein Tor ist nur gültig, wenn ein zweiter Angreifer den Ball, der von der Wand zurückprallt und durch das gegnerische Tor läuft, vor einem Abwehrspieler berührt. Dies zwingt die Angreifer dazu, keine Zufallstore zu schießen, sondern gezielt mit einem zweiten Spieler anzugreifen. Der Torschütze lernt dabei, die Position seines Mitspielers zu berücksichtigen und dementsprechend den Schusswinkel zu wählen.

Anmerkungen:

- Die Hallenwand hinter dem Tor sollte eben sein. Besonderes Interesse finden Tore im Bereich der Ecken, weil dort auch Tore über zwei Banden erzielt werden können. Dabei lernen die Kinder spielerisch, das Gesetz «Einfallswinkel gleich Ausfallswinkel» anzuwenden.
- Durch eine möglichst große Anzahl von kleinen Toren gibt es viele Aktionsräume, die dazu führen, dass der Hallenraum optimal genutzt wird.

- Der Einsatz von zwei Bällen erhöht zusätzlich diesen Effekt, die Spieler verteilen sich und sollten nicht nur ballorientiert agieren, sondern auch den gesamten Hallenraum im Blick haben.
- Das Spiel «Billard-Fußball» verbessert die Fähigkeit der Kinder, freie Räume zu erkennen und zu nutzen. Dieses Spiel eignet sich auch besonders zum Abschluss einer Trainingseinheit zum Doppelpass.

Hallenspiel 3: Hütchen abschießen

Die Hallenwände verhindern bei diesem Spiel, dass die Bälle weit wegrollen können. Bälle, die ihr Ziel verfehlen, kommen immer in den Einzugsbereich der Spieler zurück.

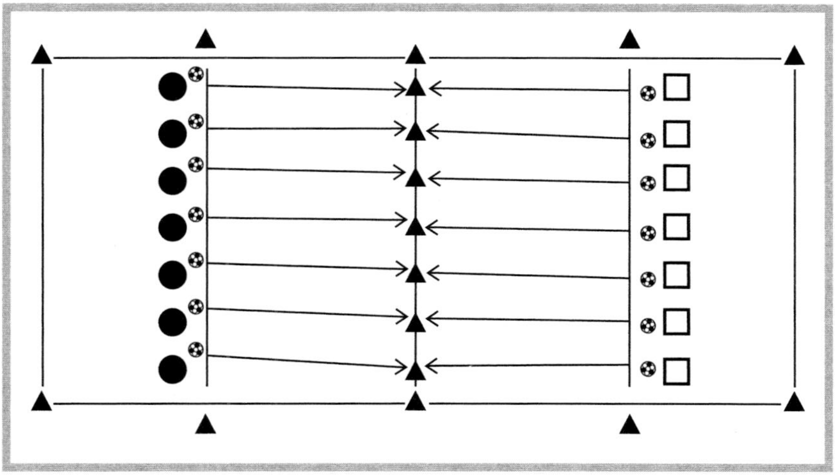

Spielregeln:

- Die Spieler zweier Mannschaften befinden sich mit einem Ball hinter der Schusslinie.
- Sie versuchen, ein Hütchen zu treffen (1 Punkt für die Mannschaft).
- Es ist nicht erlaubt, die Schusslinie zu überscheiten, um ein Hütchen abzuschießen.
- Wenn alle Hütchen getroffen sind, endet das Spiel.

Variation:

Die Hütchen werden auf Langbänke in der Mitte des Spielfeldes gestellt und müssen von dort heruntergeschossen werden. Weil das Ziel erhöht ist, steigt der Schwierigkeitsgrad. Der Zählvorgang ist jedoch einfacher. Der Trainer sieht genau, wie viele Hütchen in den entsprechenden Feldern liegen.

Hallenspiel 4: Zielball auf den Basketballkorb

Vorbemerkungen:

Im Verlaufe einer Hallen-Trainingseinheit kann der Trainer nacheinander alle Spieler am Basketballkorb spielen lassen. Sind mehrere Basketballkörbe (z. B. vier Stück) vorhanden, bietet sich auch ein Turnierwettbewerb an, an dem acht Spieler teilnehmen, während der Rest der Trainingsgruppe ein anderes Spiel (z. B. Fußballtennis) durchführt.

Folgende Schwerpunkte lassen sich mit dieser Spielform trainieren:

- Ballgefühl und Geschicklichkeit im Umgang mit dem Ball
- zielgenaues und dosiertes Spielen des Balls mit dem Fuß
- Kopfballspiel
- kontrollierte Ballannahme mit dem Fuß, dem Oberschenkel und dem Kopf
- schnelles Reagieren und ständiges Verändern der eigenen Spielposition entsprechend dem Ballverlauf
- rechtzeitiges Einnehmen der neuen Spielposition, um vor der Ballberührung möglichst hinter den Ball zu gelangen

Einzelspiel – für Anfänger

Der Spieler A steht ca. 5 m vom Basketballkorb entfernt und hält den Ball in seinen Händen.

Spielregeln

- A wirft den Ball hoch, lässt ihn zu Boden fallen und versucht den aufspringenden Ball mit dem Fuß in den Basketballkorb zu spielen.
- Trifft A das Basketballbrett, so erhält er einen Punkt. Zwei Punkte erzielt A, wenn der Ball gegen den Basketballring gespielt wird, drei Punkte für das Spielen des Balls in den Basketballkorb.
- A nimmt den vom Basketballbrett usw. abprallenden Ball auf und wirft ihn erneut an.

Wertungsmöglichkeiten

- Welcher Spieler erreicht bei einer festgelegten Spielzeit die höchste Punktzahl?
- Welcher Spieler benötigt die wenigsten Versuche, um 15 Punkte zu erzielen?

Varianten

- A fängt den vom Basketballbrett abprallenden Ball und erhält einen Zusatzpunkt.
- Kann A den Ball mit dem Fuß, Oberschenkel usw. annehmen, erzielt er zwei Zusatzpunkte.
- A spielt den Ball mit dem Kopf auf den Basketballkorb.

Einzelspiel – für Fortgeschrittene:

- A versucht den abprallenden Ball erneut auf den Basketballkorb zu spielen.
- Zwischen den einzelnen Versuchen darf der Ball mehrmals auf dem Boden aufspringen.
- Der Ball darf mit dem Fuß, dem Oberschenkel und dem Kopf gespielt werden.
- Der Ball darf nur mit dem rechten bzw. linken Fuß gespielt werden.

Wertungsmöglichkeiten

- Welcher Spieler erzielt bei einer festgelegten Anzahl Versuche die höchste Punktzahl?
- Welcher Spieler benötigt die wenigsten Versuche, um 15 Punkte zu erreichen?
- Welcher Spieler erzielt in einer bestimmten Spielzeit die meisten Punkte?
- Welcher Spieler erreicht als erster 15 Punkte?

Varianten

- Der abprallende Ball darf nur einmal den Boden berühren, kann aber dann mit dem Fuß, dem Oberschenkel oder dem Kopf einmal bzw. mehrmals jongliert werden, bevor der Ball erneut auf den Basketballkorb gespielt wird.
- Vor jedem Versuch darf der Ball nur einmal den Boden berühren. Anschließend muss er sofort wieder auf den Basketballkorb gespielt werden.
- Ein Punkt wird abgezogen, wenn der Ball nicht den Basketballring berührt oder in den Basketballkorb gespielt wird.

Zweierspiel (vorwiegend für Fortgeschrittene geeignet)

Aufstellungsform

- Zwei Spieler stehen vor einem Basketballkorb. A hält den Ball.

Spielregeln
- Bei Spielbeginn bzw. nach einer Spielunterbrechung wird der Ball angeworfen und nach einer Bodenberührung mit dem Fuß zum Basketballkorb hochgeschossen.
- Die Spieler versuchen, den aufspringenden Ball abwechselnd in den Basketballkorb zu spielen.
- Der vom Basketballbrett bzw. Basketballring abprallende Ball darf direkt oder nach mehrmaligem Aufspringen auf dem Boden mit dem Fuß, dem Oberschenkel und dem Kopf erneut zum Basketballkorb hochgespielt werden.
- Nach dem Versuch muss der Weg zum Basketballkorb sofort frei gemacht werden, damit der abprallende Ball ohne Behinderung erreicht werden kann.
- Nach einem Treffer bzw. einer Spielunterbrechung wechselt das Angaberecht.
- Für einen direkten Treffer in den Basketballkorb werden 2 Punkte, für einen indirekten Treffer (vorheriges Hochspringen vom Basketballring bzw. Berühren des Basketballbretts) wird 1 Punkt vergeben.

Wertungsmöglichkeit
- Wer in einer festgelegten Spielzeit die meisten Punkte erzielt, ist Sieger.

Varianten
- Der abprallende Ball darf nur einmal den Boden berühren, kann aber dann mit dem Fuß, dem Oberschenkel oder dem Kopf einmal bzw. mehrmals jongliert werden, bevor er erneut auf den Basketballkorb gespielt wird.
- Zwischen den einzelnen Versuchen darf der Ball nur einmal den Boden berühren.
- Der Ball wird jeweils bei einer festgelegten Anzahl von Versuchen nur mit dem rechten bzw. linken Fuß gespielt.
- Der Basketballwurfkreis bildet die Spielfläche, auf der sich die Spieler zu bewegen haben und in der der Ball jeweils aufspringen muss. Bei Fehlern wird jeweils 1 Punkt abgezogen.

Hallenspiel 5: Flachball für die Halle

Dieses Spiel schult besonders einen präzisen und festen Innenseitstoß. Die Spieler sollten den Ball in die Nähe der Bänke spielen, bevor sie den Torschuss abgeben.
- Das Spielfeld ist in der Mitte durch kleine Kästen mit aufliegenden Langbänken getrennt.
- Tore für beide Mannschaften sind die Hallenwände an den Kopfseiten.

- Die Spieler versuchen, ihren Ball mit der Innenseite flach unter den Langbänken hindurch so zu schießen, dass er bis zur Wand gelangt.
- Die Spieler der gegnerischen Mannschaft versuchen, den Ball rechtzeitig abzufangen (ohne Handspiel!) und nun ihrerseits ein Tor zu erzielen.
- Bei diesem Spiel bietet es sich an, zwei (drei) Bälle einzusetzen, um mehrere Aktionsfelder zu erzeugen.

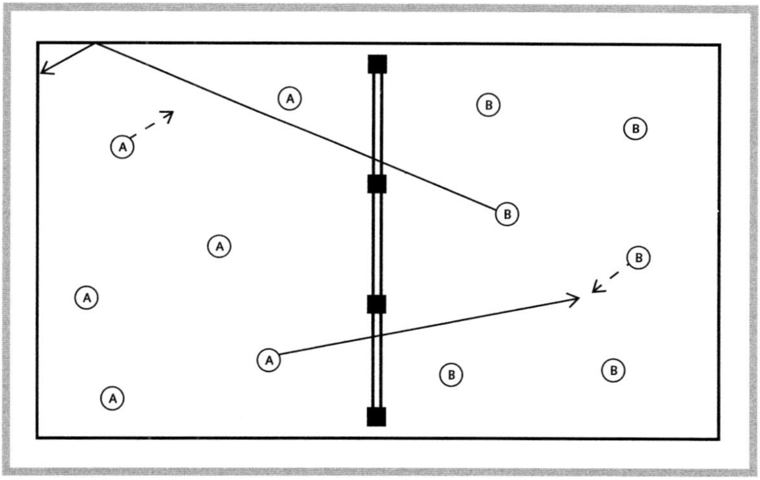

Hallenspiel 6: Zonenfußball

Diese Spiel hat das Ziel, möglichst viele Kinder ins Spielgeschehen einzubeziehen und den zur Verfügung stehenden Raum voll zu nutzen. Ein kompletter Mannschaftskader mit bis zu 24 Spielern könnte gleichzeitig am Spiel teilnehmen.

Aufstellungsform:

- Jede Mannschaft (je 8–12 Spieler) besteht aus einer gleich großen Torwart- und Feldspielermannschaft.
- Die Torzonen sind mit Hilfe von Hütchen markiert. (Anm.: In der Halle vorhandene Linien könnten als Schusslinien dienen.)
- Zwischen Schuss- und Torlinie befinden sich die Spieler der Torwartgruppe.
- Der Bereich zwischen den Schusslinien bietet den Aktionsraum für die Feldspieler (A und B).

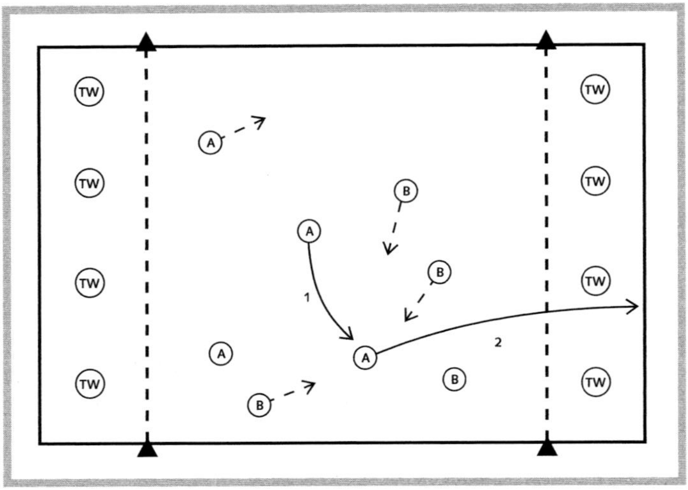

Spielregeln:

- Das Tor wird durch die gesamte Hallenwand bis zur Reichhöhe der Torhüter gebildet. Vorhandene Orientierungslinien an den Hallenwänden (Schaumstoffisolierung, Holzverkleidung) könnten zur Kennzeichnung der Torhöhe genutzt werden. Im Zweifelsfall entscheidet der Schiedsrichter über die Gültigkeit eines Tores.
- Jeder Spieler der Torwartmannschaft darf den Ball mit der Hand abwehren, den Feldbereich jedoch nicht betreten.
- Die Feldspieler dürfen ihrerseits den Torbereich nicht betreten.
- Tore sind nur gültig, wenn der Torschuss vor der Schusslinie aus dem Feldbereich abgegeben wird.
- Der Ball ist aus, wenn ein Torschuss über die gültige Torhöhe fliegt und ins Feld zurückspringt. Gleiches gilt bei einem gültigen Tor. Das Spiel wird in beiden Fällen mit dem Anspiel (Zuwurf, flaches Zuspiel mit dem Fuß) von einem Spieler der Torwartmannschaft fortgesetzt.
- Das erste Anspiel durch einen Torwart ist frei. Der Ball darf also nicht von einem Spieler der Gegenmannschaft abgefangen werden.
- Nach einer festgelegten Zeit (5–8 Minuten) wechseln die Feldspieler und Torhüter ihre Aufgaben.

Wertungsmöglichkeiten:

- Welche Gruppe erzielt in der vorgegebenen Zeit die meisten Tore?
- Welche Mannschaft erzielt das beste Ergebnis nach zwei (bzw. vier) Spielen?

- Bei einem Schwerpunkt mit Blick auf die Torhüterleistung könnte man auch die abgewehrten Schüsse durch die Torhüter werten. Welche Torwartgruppe wehrt die meisten Schüsse ab?

Variationen:

- Ein zweiter Ball kommt zum Einsatz, um die Zahl der Aktionen zu erhöhen. Der Schiedsrichter sollte versuchen, beide Bälle immer im Blick zu behalten. Ein lauter Jubel durch den Torschützen und den am Angriff beteiligten Spieler lenkt den Blick des Schiedsrichters auf das Tor, damit er kein gültiges Tor verpasst.
- Die Torhüter der einen Mannschaft treten gegen die Feldspieler der anderen Mannschaft an und umgekehrt. Dies ergibt dann vier Spiele.

Vorteile des Spieles «Zonenfußball»:

- Es können viele Spieler am Spiel teilnehmen.
- Der Wechsel von Belastung (Feldspielermannschaft) und aktiver Erholung (Torwartmannschaft) führt zu einem hohen Trainingseffekt. Die Torhüter könnten sich durch die fehlende Laufbelastung gut auf das Spielgeschehen konzentrieren und bei Bedarf schnell reagieren. Dafür haben die Feldspieler eine große technische Herausforderung. Sie müssen auf engem Raum schnell agieren, sprinten, dribbeln und Schusspositionen herausspielen.
- Die Breite des Torbereichs entzerrt das Spielgeschehen und gestattet zahlreiche Torschussaktionen, verbunden mit hohen Spielergebnissen. Dies schafft die Basis für viele Erfolgserlebnisse der Kinder. Zum einen können sich die Torhüter durch spektakuläre Abwehraktionen auszeichnen, zum anderen wird es den Angreifern ermöglicht, viele Tore zu erzielen.

Aufwärmdrill – Trainingsbeispiele

Immer wieder hört man, dass Trainer aller Leistungs- und Altersklassen kreative und überraschende Handlungen ihrer Spieler vermissen. Mangelndes Talent der Spieler gilt dann häufig als Ausrede, daran nichts ändern zu können. «Man kann's halt oder nicht. Kreativität lässt sich eben nicht lernen.» Doch das ist ein Trugschluss!

Großes Bewegungsrepertoire – Grundlage für Kreativität

Kreatives Handeln erfordert eine systematische und vielseitige Grundlagenausbildung, denn nur Spieler, die zahlreiche alternative Lösungen einer Spielsituation gelernt haben, werden ihre Gegenspieler durch überraschende Aktionen verblüffen. Dies erfordert auch ständiges Automatisieren der gelernten Techniken. Nur dann sind die Spieler in der Lage, den Blick vom Ball zu lösen und sich so zu verhalten, wie es die Spielsituation erfordert. Je mehr alternative Handlungsmuster den Spielern sicher zur Verfügung stehen, desto kreativer sind ihre Aktionen im Spiel.

Ballsicherheit durch regelmäßiges Wiederholen

In der Trainingsphase «Aufwärmdrill» automatisieren die Spieler regelmäßig wichtige Basistechniken und gewöhnen sich daran, gelernt Bewegungen mit einer großen Wiederholungszahl einzuschleifen.

Dies bringt eine enorme Ballsicherheit, die notwendig ist, damit die Spieler auch unter Bedrängnis eines hart attackierenden Gegners und unter Zeitdruck der Spielsituation fehlerfrei an- und mitnehmen, präzise passen, erfolgreich dribbeln und den Ball zielsicher ins Tor schießen können.

In **jedem** Training sollten die Spieler nach dem Aufwärmspiel eine ausgewählte Übung absolvieren, die zwischen 5 und 10 Minuten dauert.

Folgende Inhalte eignen sich besonders gut für den Aufwärmdrill:

- Großgruppentraining im Zick-Zack/Kamm
- Kleingruppen- und Partnerübungen mit dem Schwerpunkt Ballgefühl
- Übungen zur Ballan- und -mitnahme und Verbesserung der Passtechniken.
- Kombinationsformen mit vorgegebenen Pass- und Laufwegen.

Grundsätzlich kann der Trainer jedoch alle gelernten Fußballtechniken in einem Aufwärmdrill wiederholen und automatisieren.

Die Spieler entwickeln ein ausgezeichnetes Ballgefühl, wenn sie regelmäßig und häufig Richtungsänderungen sowie Drehungen mit Ball durchführen. Die dadurch gewonnene Ballsicherheit schafft das notwendige Selbstvertrauen, einen Gegenspieler auszuspielen, und führt zu einem kreativen Angriffsverhalten.

Die Spieler sehen mehr, weil ihre Konzentration und Wahrnehmung nicht auf den Ball gerichtet ist.

Drill 1: Übungen im Zick-Zack

Eine interessante Organisationsform für den Aufwärmdrill ist der Vierer-Zick-Zack (vgl. Zeichnung). Die Dribbler begegnen sich an mehreren Punkten innerhalb dieser Form und werden somit gezwungen, den Kopf hochzunehmen und die übrigen Dribbler zu beobachten.

Wichtig: Die Spieler dribbeln und drehen mit links und rechts.

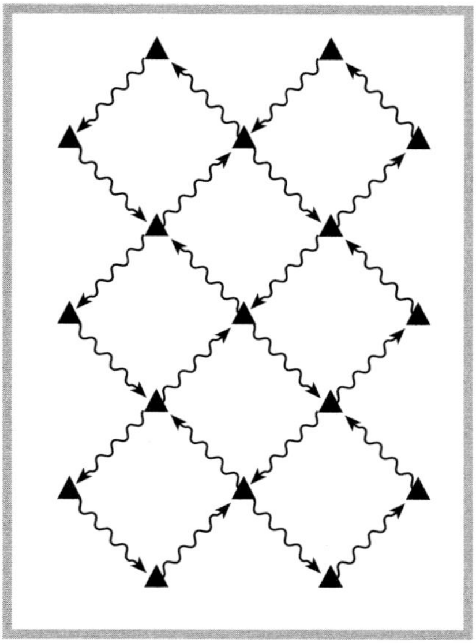

Die Spieler führen Richtungsänderungen und Drehungen an den ausgelegten Hütchen mit folgenden Techniken aus:

- Kappen innen (Richtungsänderung mit der Innenseite):
- Kappen außen (Richtungsänderung mit der Außenseite)
- Ausfallschritt/Übersteiger/Schere:
- Eindrehen innen (Doppelkappen mit der Innenseite):
- Eindrehen außen:
- Sohlentrick:
- Ziehen hinter das Standbein:
- Kombination verschiedener Techniken:

Drill 2: Übungen im Kamm

In der Organisationsform «Kamm» liegt der Trainingsschwerpunkt in der Vor- und Zurückbewegung. Möglichst häufige 180-Grad-Richtungsänderungen werden in eine flüssige Endlosübung eingebunden.

Die Dribbelrichtungen, die der Trainer in den ersten Übungen immer wieder nennen sollte, lauten: ‹vor – zur Mitte – zurück – usw.›

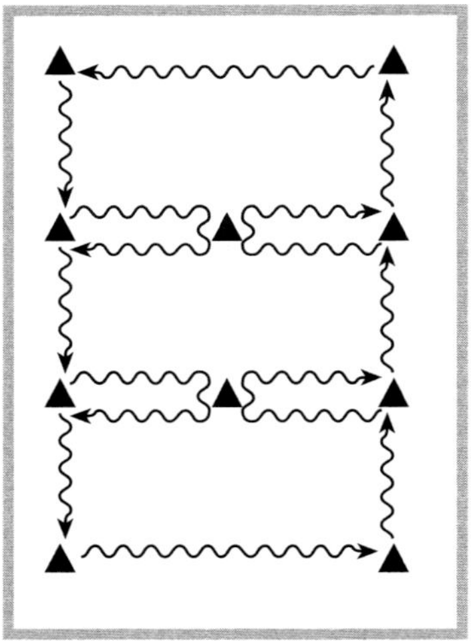

Am Ende der ersten Serie dribbeln die Spieler hinüber zur anderen Seite und beginnen den Rückweg mit denselben Dribbelrichtungen:

Eine Auswahl möglicher Technik-Kombinationen im Kamm:

- 90 Grad (1. und 3. Hütchen)
  Kappen innen / Kappen außen / Eindrehen innen / Eindrehen außen / Ausfallschritt / Übersteiger / Schere / Sohlentrick + Innenseite
- 180 Grad (Mitte)
  Sohlentrick / Kappen innen / Kappen außen / Schere innen-innen / Ziehen h. d. Standbein

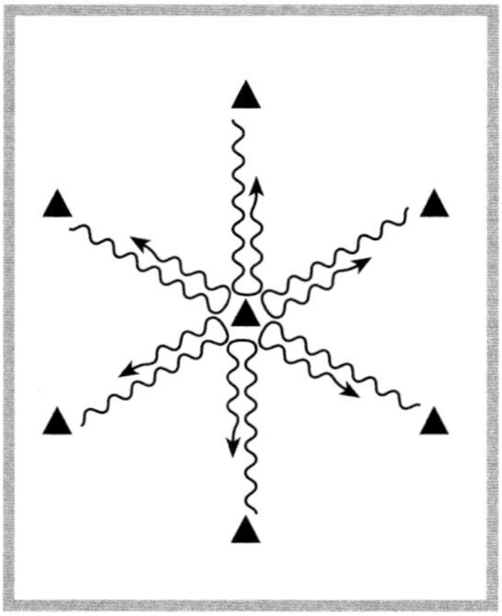

Drill 3: Richtungsänderungen im Stern

Vier bis sechs Spieler dribbeln auf ein Zentrum zu und drehen ca. einen Meter vor Erreichen des Mittelhütchens zurück zu ihrem Hütchen. Dabei ist eine 180-Grad-Drehung erforderlich.

Mögliche Techniken:

- Zurückziehen mit der Sohle
- Kappen innen
- Kappen außen
- Schere innen-innen
- Ziehen hinter das Standbein

Drill 4: Partnerübung – Gegner von der Seite

Zwei Spieler üben das Abschirmen des Balls. Dabei wiederholen sie die unterschiedlichen Techniken, die notwendig sind, um den Ball um 180 Grad zurückzuziehen (vgl. Drill 2).

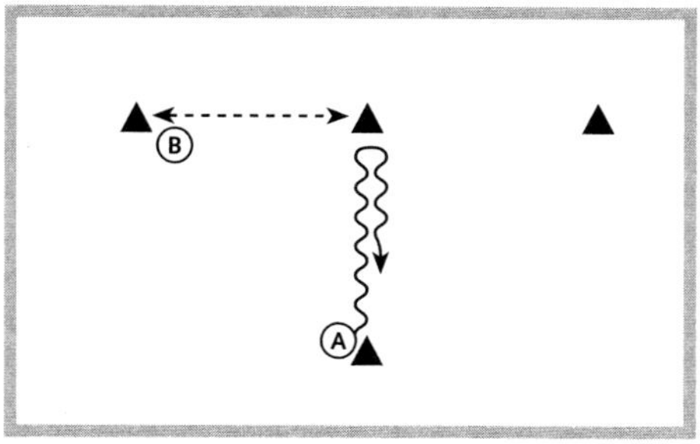

Drill 5: Gegner im Rücken

In dieser Trainingsform automatisieren die Spieler die Richtungsänderungen mit Ball und einem Gegenspieler im Rücken. Sie dribbeln zwischen den beiden Hütchen und schirmen ihren Ball vor einem Gegenspieler ab. Wenn sie dies regelmäßig üben, entwickeln sie ein Ballgefühl unter Bedrängnis eines Gegners. Im Spiel werden sie nicht nervös, wenn ein Gegner in ihrer Nähe ist.

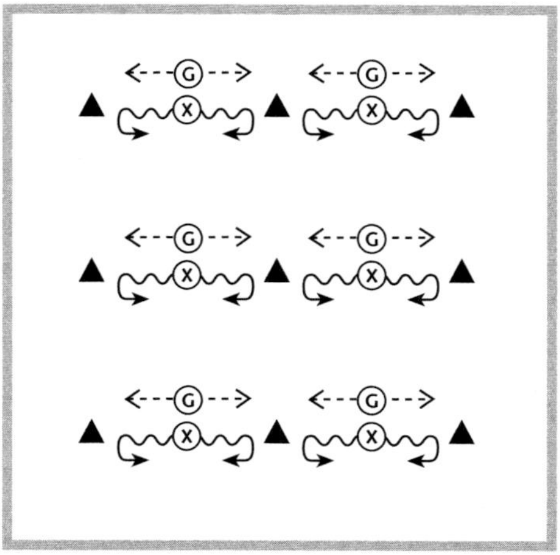

Drill 6: Richtungsdribbling

Fuß- und Beinbewegungen für die Situation «Gegner im Rücken» können die Spieler in Serie mit dem Richtungsdribbling üben.

Nach jeder Täuschbewegung (z. B. «Ausfallschritt außen-außen») halten sie den Ball kurz an, um ihn dann in schneller Abfolge mit derselben Basisbewegung immer in eine Richtung (deshalb der Name: «*Richtungsdribbling*») weiterzuspielen. Es ist wichtig, dass die Basisbewegungen überzeugend ausgeführt werden. Den Abstand zwischen den beiden Wendemarken kann der Trainer frei wählen. Empfehlenswert sind sechs bis zwölf Meter.

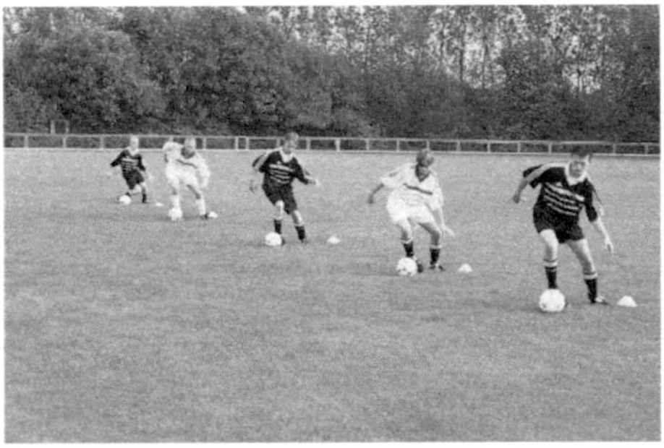

Wenn die Serie von Basisbewegungen in eine Richtung beendet ist, sollten die Spieler dieselbe Abfolge zurück zum Ausgangshütchen ausführen.

Sie starten somit mit dem Täuschfuß in die entgegengesetzte Richtung, nehmen den Ball mit in die Dribbelrichtung, halten den Ball kurz an und beginnen die nächste Täuschaktion. Durch das Richtungsdribbling nach links und rechts werden beide Füße trainiert.

Mit dem Richtungsdribbling lassen sich folgende Basisbewegungen hervorragend automatisieren:

- *Ausfallschritt*
- *Übersteiger*
- *Schere*

Variation: Richtungsdribbling mit Partner

Alle Techniken im Richtungsdribbling können auch mit einem Partner ausgeführt werden. Damit erhält der Spieler noch eher das Gefühl für die Spielsituation. Der Partner macht alle Bewegungen parallel mit, damit der Angreifer die Wirkung seiner Täuschaktionen spürt. Nach zwei Bahnen wechseln die beiden Fußballer dann die Aufgabe.

Nach dem Automatisieren der gelernten Techniken folgt die Erprobung in spielnahen Übungsformen und kleinen Spielen, bis schließlich die kreative Anwendung im Wettkampf kein Problem mehr darstellt.

Drill 7: Direktspiel im Quadrat

Vorbemerkungen:

Schnelle Passfolgen, möglichst direkt ausgeführt, verbessern das Zusammenspiel innerhalb einer Gruppe und die Passtechnik der Spieler.

In dieser Übung spielen die Spieler eine Reihe von Doppelpässen, die sich mit einem Direktspiel auf die gegenüberliegende Seite abwechseln.

Das ergibt die Passfolge für eine Runde:

Doppelpass – Direktspiel – Doppelpass – Direktspiel.

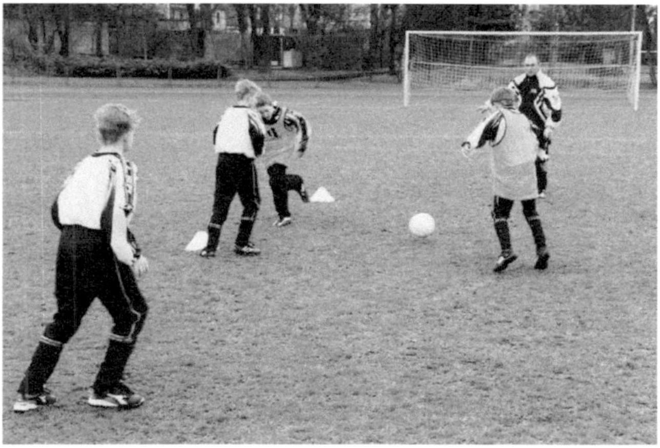

A passt zu M2

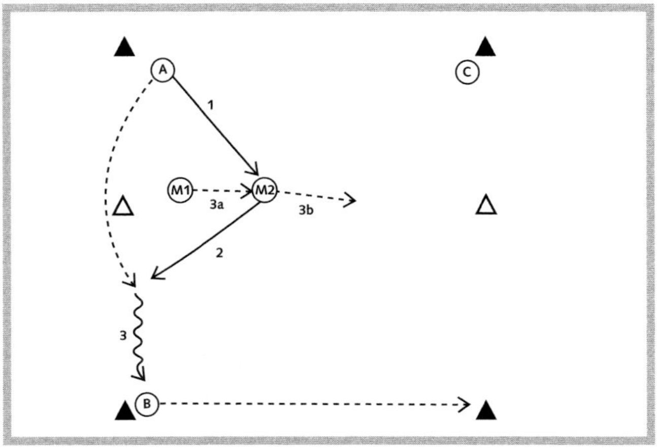

Die Außenspieler A, B, C sowie die Doppelpasspartner M1 und M2 stellen sich so auf, wie in der Zeichnung zu sehen ist.
(1) A spielt zu M2 und bietet sich zum Doppelpass an, gleichzeitig startet B zum nächsten Hütchen.
(2) M2 spielt direkt zu A zurück (Doppelpass).
(3) A nimmt den Ball an und spielt zu B.
(3a) Der Wandspieler M2 startet sofort zu seinem Mittelhütchen, um als Gegenspieler auf der anderen Seite zu dienen.
(3b) M1 bietet sich zum Doppelpass an.

Direktspiel auf der anderen Seite:
Damit diese Übungsform endlos ablaufen kann, wird das Direktspiel auf der anderen Seite in der gleichen Form fortgesetzt.

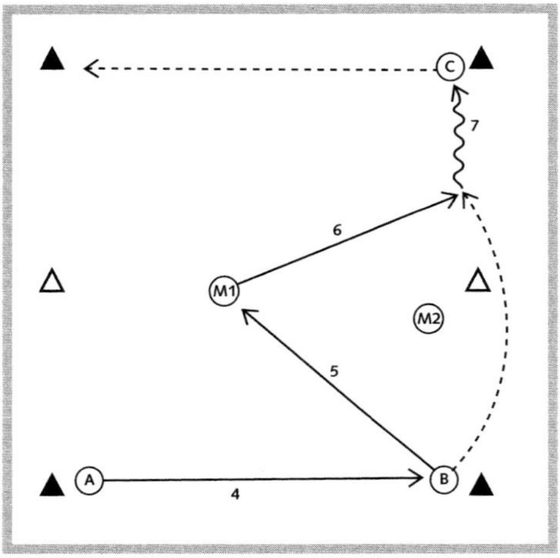

(4) A passt auf die andere Seite zu B.
(5) B gibt einen Pass zu M1, der als Wandspieler dient, M2 greift an.
(6) B umläuft M2 und erwartet den Ball vom Wandspieler M1.
(7) B dribbelt zum nächsten Hütchen.

Nach einem Pass von B zu C zur anderen Seite beginnt die Übung neu.

Die Mittelspieler sprinten zur neuen Position.

Methodische Hinweise

- Bauen Sie ein Quadrat mit der Seitenlänge ca. 10 m auf.
- Auf zwei gegenüberliegenden Seiten liegt in der Mitte ein weiteres Hütchen zur Orientierung der Wandspieler (Doppelpasspartner).
- Die Spieler stellen sich wie in Zeichnung 1 auf.
- Erklären Sie die Laufwege und Passfolgen schrittweise. Dazu sollten die Spieler den Ball nach jedem Pass erst anhalten, bevor die Übung direkt abläuft.

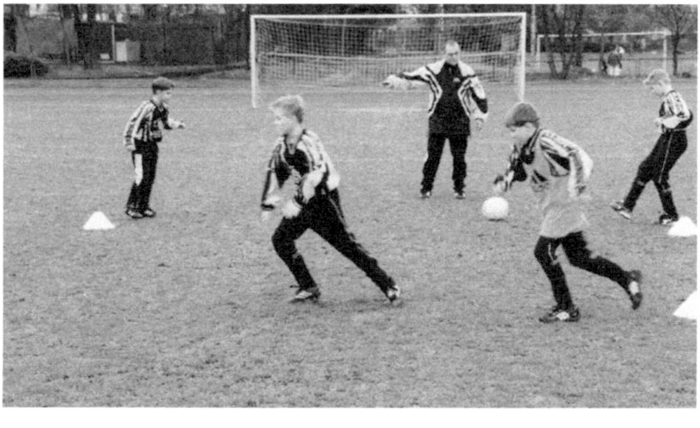

B passt zu C; M1 und M2 sprinten zurück

- Wenn die Laufwege und Passfolgen bekannt sind, sollten die Spieler immer dann direkt spielen, wenn sie sich dies zutrauen.
- In der letzten Stufe sollten die Spieler nur noch direkt spielen. Nach dem Doppelpass spielt der Spieler nach dem Wandspiel direkt zum nächsten Spieler auf der gegenüberliegenden Seite, der dann direkt den nächsten Doppelpass einleitet.
- Die beiden Mittelspieler sollten nach einiger Zeit mit zwei Passspielern ausgewechselt werden, damit alle Spieler sowohl die Position des Zuspielers als auch die des Wand- und Gegenspielers ausüben.
- Wenn die Spieler die Übung einer Richtung beherrschen, sollten sie diese auch in die entgegensetzte Richtung ausführen.

Die schnelle Abfolge von direkt gespielten Pässen und Doppelpässen übt auf Kinder und Jugendliche einen großen Reiz aus. Aufgaben wechseln ständig, alle Spieler sind in Bewegung und müssen sich enorm konzentrieren.

Dem Trainer bietet diese Übung ein überschaubares Lernfeld, in dem er den Leistungsstand (Passgenauigkeit, Zusammenspiel beim Doppelpass und Laufvermögen) seiner Spieler feststellen und verbessern kann.

(Weitere Informationen zum Aufwärmdrill finden Sie in: P. Schreiner: Erfolgreich Dribbeln, 1999)

Koordinationstraining – Fußball

Grundlagen

Koordinative Ergänzungsübungen in jedem Training

Ein auf langfristigen Erfolg ausgerichtetes Training berücksichtigt die Defizite der Spieler und baut sie systematisch und regelmäßig ab.

Da sich die Erlebniswelt der Kinder und Jugendlichen in den letzten Jahrzehnten enorm geändert hat, gehören Koordinationsübungen in jedes Training. Bewegungsmangel und fehlende Bewegungserfahrungen (Klettern, Rollen, Hüpfen, Springen, Balancieren) führen zu großen Defiziten im Bereich der Koordination. Dies sollten Fußballtrainer durch koordinative Ergänzungsübungen ausgleichen, denn koordinative Fähigkeiten sind eine wichtige Leistungsvoraussetzung für das Erzielen von Spitzenleistungen.

Koordination – Basis des Erfolgs

Eine große Anzahl von Muskeln ist notwendig, damit der Körper eines Spielers sportliche Bewegungen zielgerecht, schnell, kraftvoll und ausdauernd ausführen kann. Daher sollten die Muskeln des Fußballers durch ein hervorragend ausgeprägtes Nervensystem gesteuert werden.

Fußballer sollten in der Lage sein, neue Fußballtechniken schnell zu lernen, ökonomisch und präzise zu steuern und diese unvorhersehbaren Ereignissen sicher anzupassen. Koordinativ gut geschulte Spieler beherrschen die gelernten sportlichen Bewegungen auch noch unter Zeitdruck, in Bedrängnis und auf engem Raum.

Koordinationstraining (allgemein – speziell)

Während ein allgemeines Koordinationstraining Übungen enthält, die für jeden Sportler von Bedeutung sind, sollte ein Koordinationstraining für Fußballer die Anforderungen berücksichtigen, die das Spiel an die Fußballer stellt. Insbesondere sollten Fußballtechniken unter erschwerten Bedingungen gefordert und die Spieler unter Druck (Zeitdruck, Gegnerdruck, Raumdruck, Situationsdruck, Komplexitätsdruck, Belastungsdruck) gesetzt werden.

Konsequenzen für das Training mit Fußballern

Bewegungskoordination enthält einen hohen Anteil an Wahrnehmung, Bewegungsvorstellung (gedankliche Vorwegnahme, Erahnen von Veränderungen) sowie die notwendige Konzentration.

Mit zunehmendem Alter und mit steigender Leistungsfähigkeit der Fußballer sollten die typischen Anforderungen, die das Spiel an Fußballer stellt, im Mittelpunkt des Koordinationstrainings stehen.

Demnach sollten im Mittelpunkt eines effektiven KT für Fußballer fußballspezifische Bewegungen (Techniken) unter variablen Rahmenbedingungen stehen. Das bedeutet, dass die Spieler beherrschte Techniken in Verbindung mit Zusatzaufgaben anwenden. Der Trainer könnte z. B. unterschiedliche Schrittlängen und -frequenzen mit Hilfe von Stangen und Reifen **vor** oder **nach** der Anwendung von Fußballtechniken vorgeben oder die Spieler unter Zeitdruck bei der Ausführung setzen.

Qualität fußballtypischer Bewegungen

Die Spieler sollten im Koordinationstraining die Qualität ihrer fußballtypischen Bewegungen verbessern.

Schaubild: Koordination

Die typischen Anforderungen des Fußballspiels an die Sportler sollten im Mittelpunkt des Koordinationstrainings stehen. Fußballer sollten daher nach einem variantenreichen Grundlagentraining mit allgemeinen Koordinationsübungen auf

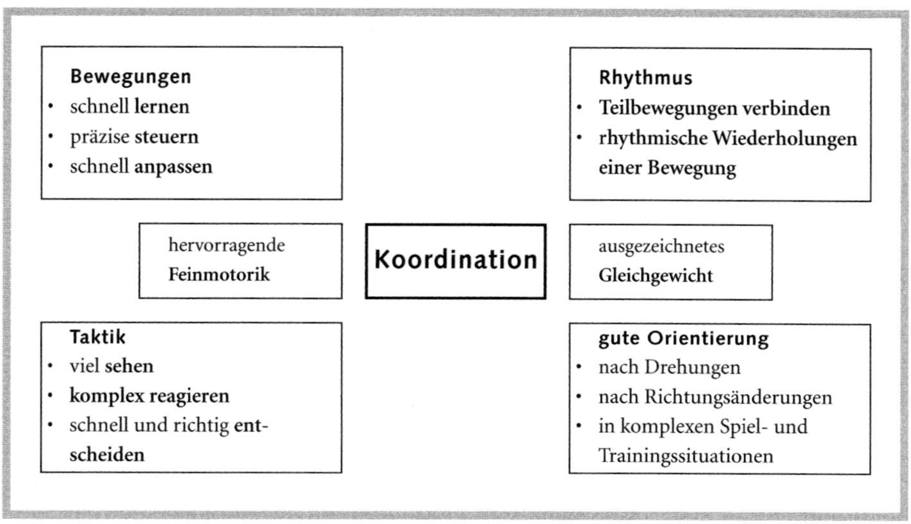

jeden Fall auch ein effektives Koordinationstraining mit fußball-spezifischen Bewegungen (Techniken) unter erschwerenden Bedingungen anschließen.

Das bedeutet, dass die Spieler beherrschte Techniken unter vorgegebenen Zusatzaufgaben, Belastungen oder veränderten Rahmenbedingungen anwenden sollen.

Aus diesem Grund enthalten die TE dieses Buches eine eigene Phase, in der regelmäßig Koordinationstraining stattfindet.

Es sollte deutlich werden: Koordination ist *die* Schlüsselfähigkeit für erfolgreiches Handeln im Sport und sollte daher einen besonderen Stellenwert im Training erhalten!

Übungen für das Koordinationstraining

ALLGEMEINES KOORDINATIONSTRAINING

- Laufkoordination
- Koordination von Armen und Beinen
- Vielseitige Bewegungsformen (Drehen, Hüpfen)

Übungen mit Stangen

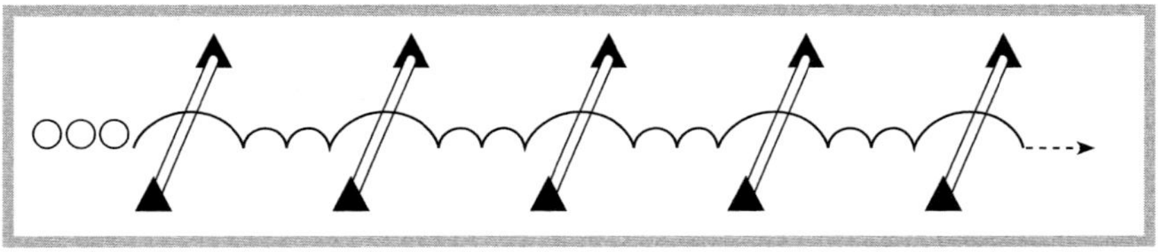

Aufgaben:

- Laufen über die Stangen – rechter Fuß zuerst – drei Schritte in der Mitte
- Laufen über die Stangen – linker Fuß zuerst – drei Schritte in der Mitte
- Nach den Stangen 10 m beschleunigen

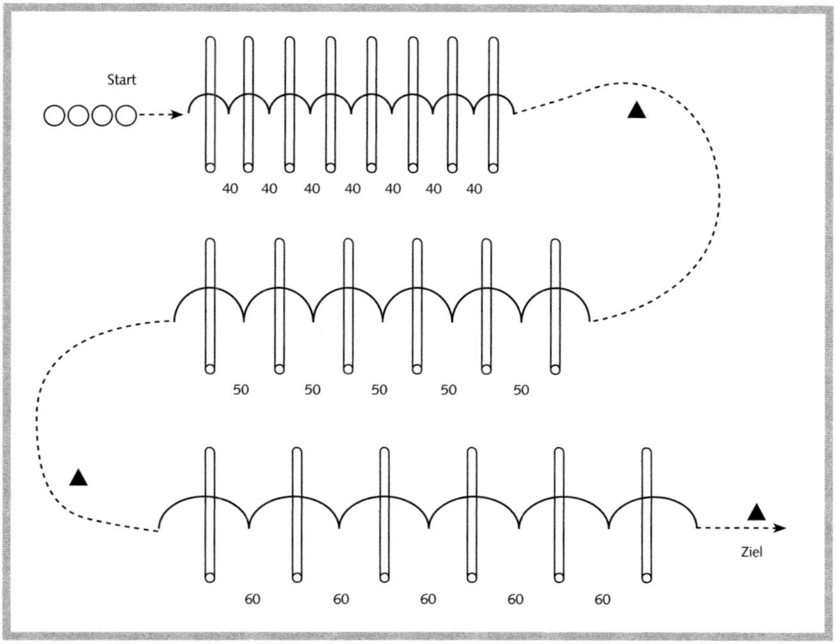

Aufgaben:

- Laufen über die Stangen mit unterschiedlichen Abständen
- Schnelle Wende um die Hütchen

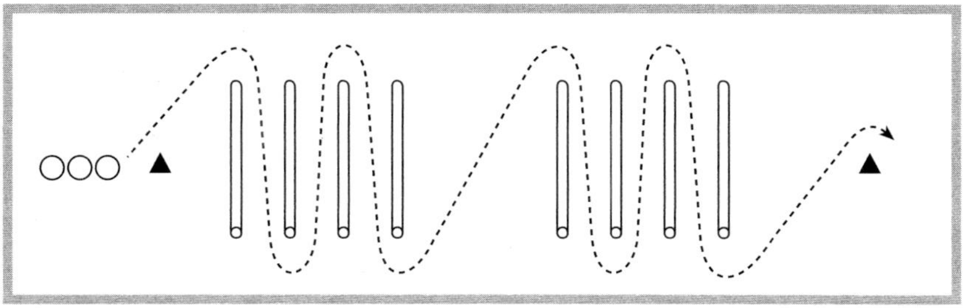

Aufgaben:

- Laufen (Ball in der Hand) im Slalom durch die Stangen
- Dribbling um die Stangen

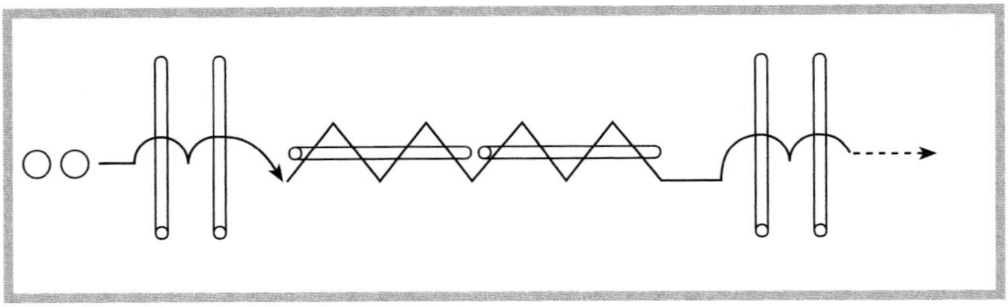

Aufgaben:
- Sprint über die Stangen (Ball in der Hand)
- Ball auf den Boden werfen und Torschuss

Übungen mit Reifen

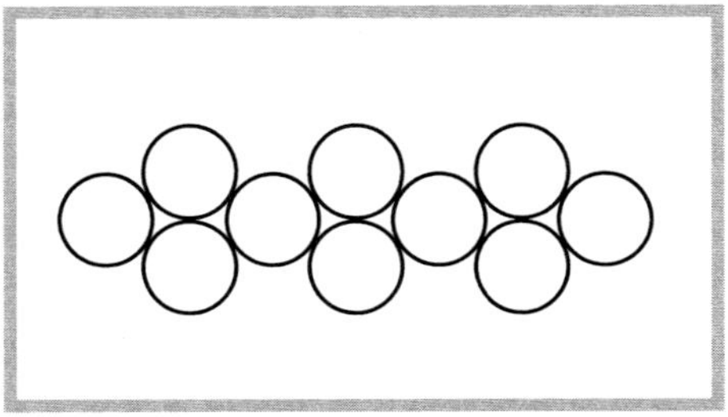

Hampelmann im Reifenparcours
- Öffnen – Schließen der Beine

Armbewegungen:
- hoch – herunter
- linker Arm vor – rechter Arm vor

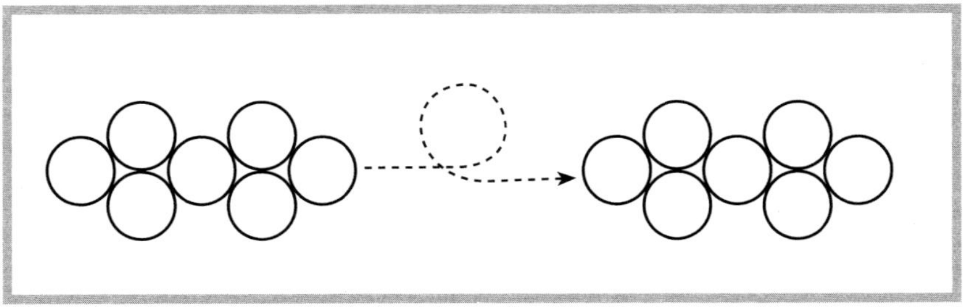

- Hampelmann mit Drehung in der Mitte
- Schnelle Orientierung!

KOORDINATION UND AUFWÄRMEN

Im Kinder- und Jugendtraining sollten schon in der Aufwärmphase leichte koordinative Aufgaben enthalten sein. Übungen aus dem «Lauf-ABC» (Verbesserung der Laufkoordination), kleine Dribbelspiele (Spaß) und balltechnische Übungen, die zusätzlich die Orientierungsfähigkeit verbessern, sind bei den Kindern sehr beliebt.

Aufwärmen mit Geräten

Der Trainer baut im Quadrat Stangen, Hürden, Reifen und Hütchen auf, die mit Aufgaben verbunden werden. Die Spieler dribbeln frei im Quadrat.

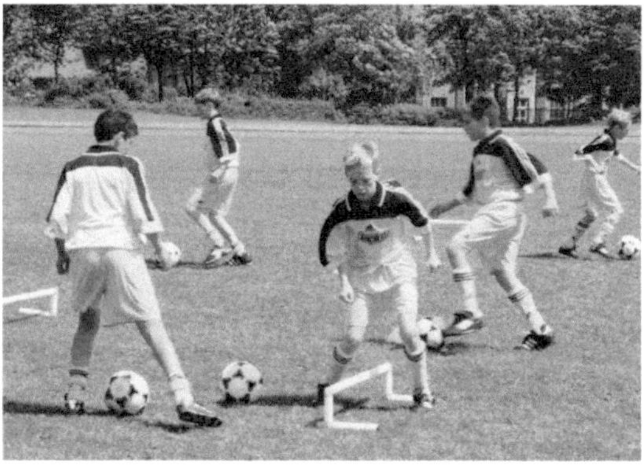

Aufgaben für die Hürden

- Ball vorbeispielen – über die Hürde springen
- Mit eingeklemmtem Ball über die Hürde springen
- Rolle vorwärts über die Hürde – Ball eingeklemmt.

Aufgaben an den Hütchen:

- verschiedene Finten

Aufgaben am Reifenparcours:

- Ball vorbeispielen und über den Parcours mit vorgegebenen Bewegungen (z. B. Hampelmann).

Die Spieler dribbeln mit unterschiedlichen Bällen (Fußball, Softball, Gummiball, Wasserball, Tennisball) und erfüllen unterschiedliche Aufgaben;

- langsam und schnell dribbeln
- kleine und große Kreise mit Innen- und Außenseite des Fußes (links und rechts herum)

- auf Zeichen des Trainers Ball anhalten
- Ball ca. 5 m wegschießen und einholen
- Täuschungen (Übersteiger, Schere, Sohlentrick, ...) ausführen

Der Reißverschluss

Der Reißverschluss besteht aus zwei Elementen. Auf den Längsseiten erfüllen die Spieler Einzelaufgaben mit und ohne Ball, während auf den Diagonalseiten die Reißverschlussübungen folgen. Die Spieler stimmen ihr Lauftempo auf die Gruppe ab und halten den richtigen Abstand zum Vordermann ein. Dem ersten Spieler der Gruppe kommt eine besondere Rolle zu, denn er hält das vorgegebene Tempo und schaut zum Führungsspieler der anderen Gruppe. Beide sorgen dafür, dass die Gruppen gleichzeitig in der Mitte ankommen und im Reißverschlussverfahren durchlaufen.

Drehungen vor dem Reißverschluss schulen die Fähigkeit, sich schnell zu orientieren und dabei die vorgegebenen Abstände präzise einzuhalten.

Partnerübungen in der Mitte führen zu Kontakt- und Übergabephasen.

Aufgaben im Reißverschluss (an den Diagonalseiten):

Übungen mit Ball:

- Ball tragen und in der Mitte übergeben (Gruppe A mit Ball – Gruppe B ohne Ball)
- Dribbling, jeder hat einen Ball (einfacher Reißverschluss mit Dribbling)
- Dribbling mit Drehung vor dem Reißverschluss
- Übergabe mit dem Fuß (Gruppe A mit Ball – Gruppe B übernimmt in der Mitte)
- Doppelte Übergabe (Gruppe A dribbelt – Gruppe B trägt den Ball). In der Mitte übernehmen die Spieler A den Ball oben mit den Händen – die Spieler B – unten mit den Füßen.

Einzelübungen ohne Ball

Der Trainer gibt die Fortbewegungsart (Laufen vorwärts und rückwärts, Hopserlauf, Sidesteps, Kniehebelauf, Skippings) vor. Vor dem Reißverschluss in der Mitte könnten Zusatzaufgaben den Schwierigkeitsgrad erhöhen. Dies könnten zum Beispiel Drehungen und Sprünge sein. Eine schnelle Drehung vor dem Reißverschluss schult die Fähigkeit, sich zu orientieren.

Die Spieler haben die Aufgabe, den Abstand zum Vordermann nach der Drehung schnell wieder auszugleichen.

Die Spieler laufen rückwärts in den Reißverschluss, achten auf die Laufrichtung, den richtigen Abstand zum Vordermann, drehen sich ca. zwei Meter vor der Mitte schnell um 180 Grad und laufen im Reißverschlussverfahren vorwärts durch das Zentrum des Quadrats.

Partnerübungen
Im Zentrum des vorgegebenen Quadrats sind auch Partnerübungen möglich: Kontaktaufgaben (Händeklatschen mit einer oder beiden Händen, Brüsteln), Ballübergaben mit den Händen oder Füßen sowie Kombinationen aus beiden sind nur einige Beispiele, die sich beliebig erweitern lassen. Diese Übungen fördern in besonderem Maß die Fähigkeiten der Spieler, sich zu orientieren und ein gutes Timing zu entwickeln.

Die Spieler laufen gleichzeitig paarweise in die Mitte und klatschen beide Hände (oder eine Hand) mit dem Partner zusammen.

Anschließend lösen sie sich schnell und laufen zum nächsten Hütchen.

Fußballer sollten in der Lage sein, nach Sprüngen sicher zu landen und ihren Laufrhythmus schnell zu finden.

Gleichzeitiges Springen, der Kontakt in der Luft und die sichere Landung mit anschließendem Lauf macht den Kindern nicht nur sehr viel Spaß, sondern schult wichtige koordinative Fähigkeiten.

Übungen mit Ball:
Beim Dribbling im Reißverschluss achten die Spieler auf einen gleichmäßigen Abstand. Dazu müssen sie den Blick vom Ball lösen und ihr Dribbeltempo auf den Vordermann und den Partner aus der anderen Gruppe abstimmen.

Ein Spieler übernimmt den Ball mit den Händen von einem Partner und gibt diesem gleichzeitig einen zweiten Ball am Boden.

Diese Aufgabe erfordert volle Konzentration, damit die Spieler flüssig durch die Mitte laufen können, ohne ins Stolpern zu geraten.

Aufgaben an den Längsseiten:
Übungen ohne Ball:
- Hopserlauf
- Sidesteps
- Kniehebelauf
- Skippings

Übungen mit Ball:
- Ball hochwerfen beim Laufen
- Ball prellen (mit rechts, mit links, im Wechsel mit links / rechts)
- Dribbling (mit rechts / mit links, mit links / rechts im Wechsel – Ballberührung bei jedem Schritt)
- seitliches Dribbling (Ball mit der Innenseite vorwärts bewegen)
- Schere, Übersteiger, Ausfallschritt mit zwei Zwischenschritten

SCHULUNG DER LAUFKOORDINATION

Der moderne Fußball zeichnet sich durch ein hohes Spieltempo aus.

Die Spieler stehen nicht nur bei Aktionen mit dem Ball unter Zeitdruck, vielmehr sind auch plötzliche Richtungswechsel, rasante Sprints in den freien Raum, schnelles Umschalten von Abwehr auf Angriff gefordert, um erfolgreich Fußball spielen zu können.

Die Anforderungen an die Fußballer sind so hoch, dass eine spezielle und systematische Schulung der Laufkoordination, insbesondere der Lauftechnik und des Laufrhythmus, unbedingt notwendig erscheint.

Besonderheiten des Trainings der Laufkoordination für Fußballer

Die Laufleistung eines Fußballers unterscheidet sich erheblich von der eines Leichtathleten. Sprünge, Drehungen, Richtungsänderungen, Aktionen am Ball sowie Zweikämpfe vor oder nach einem Sprint erfordern ein ständiges Anpassen der Schrittlänge und der Schrittfrequenz an die sehr unterschiedlichen Spielsituationen.

Dies macht eine variable, flexible und zweckmäßige Anwendung der Lauftechniken im Spiel notwendig. Die fußballspezifische Schulung der Laufkoordination gewinnt somit eine immer größere Bedeutung für die Ausbildung des Fußballnachwuchses und das Training mit Fußballern in allen Leistungsklassen.

Lauf- und Sprungübungen im «Stangendreieck»

Schnelle Fußarbeit

Das gezielte Training der Laufkoordination für Fußballer erfordert eine Schwerpunktsetzung innerhalb der Trainingseinheiten.

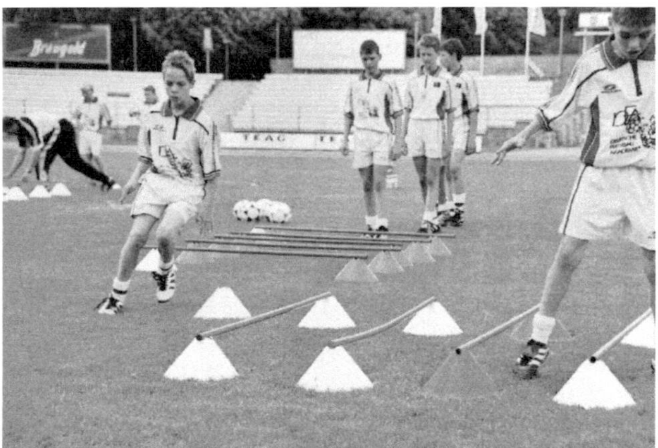

Die «*schnelle Fußarbeit*», d. h. das schnelle Zusammenspiel von Nerven und Fußmuskulatur steht in dieser Übung im Vordergrund. Kleine, flinke Schritte sorgen dafür, dass der Spieler in jedem Augenblick in der Lage ist, die Bewegungsrichtung frei zu wählen. Dies ermöglicht ihm, seinen Körper zu kontrollieren und schnell und in jede beliebige Richtung zu beschleunigen. Außerdem schafft eine hervorragende Fußarbeit die Voraussetzung für eine gute Schusstechnik, denn das ständige Anpassen des Abstands zum Ball bringt den Spieler in die beste Schussposition. Die Spieler sollten imstande sein, aus einem Zweikampf mit kleinen Schritten schnell in einen langgezogenen Sprint überzugehen.

«Reifen-Stangen-Dreieck»

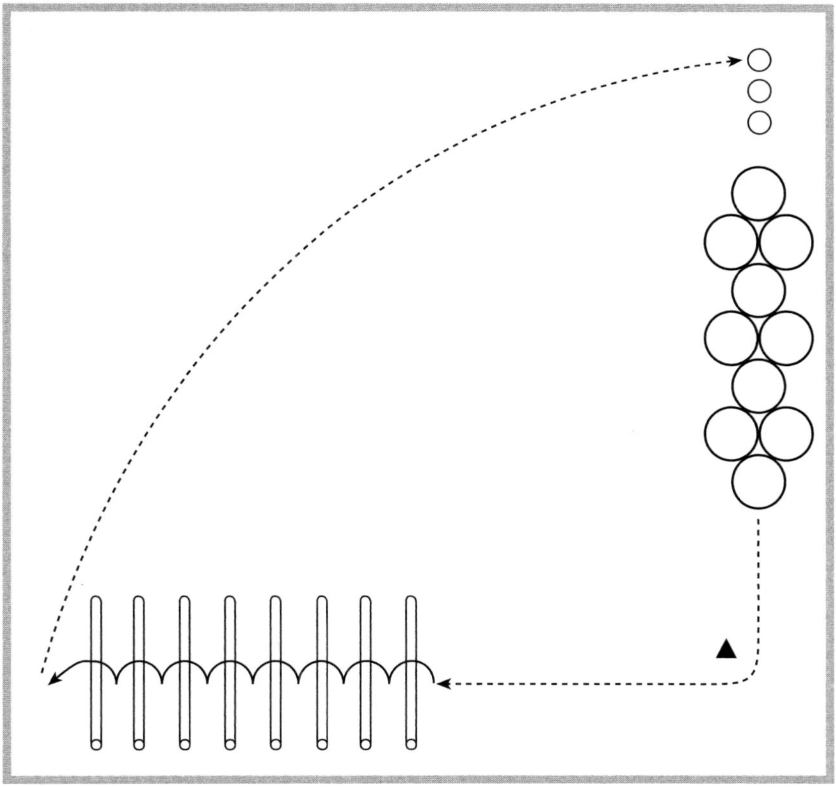

Bewegungsaufgaben im Reifenparcours:

- Hampelmann (mit Zusatzaufgaben für die Arme)
- beidbeinige Sprünge

Bewegungsaufgaben im Stangenparcours:

- Laufen (vor-, seit- oder rückwärts)
- einbeinige – beidbeinige Sprünge
- Slalomläufe

FUSSBALLSPEZIFISCHES KOORDINATIONSTRAINING

Übungen mit Anschluss-Aktionen

Im Anschluss an den Parcours aus Reifen und Stangen erhält der Spieler einen Pass kurz nach dem letzten Sprung. (Aufgabe: Pass-Spiel nach einer Sprungbewegung) Der Spieler passt den Ball zurück, erhält einen weiteren Pass, den er an- und mitnimmt und zum Hütchen dribbelt. Der Passgeber am Hütchen läuft nun zum Anfang des Parcours.

Aufgabe A: Pass-Spiel

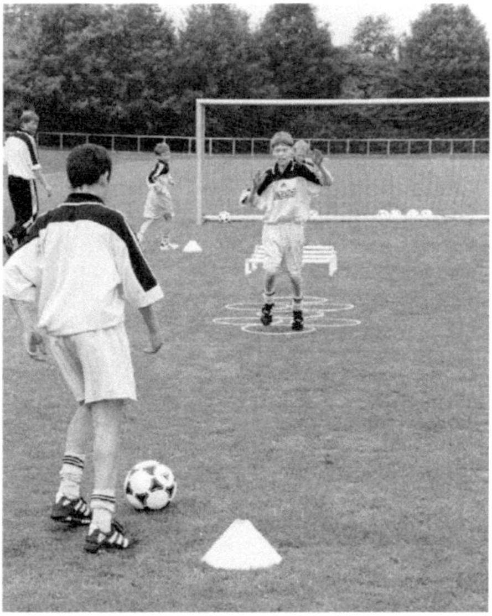

Aufgabe B: Wandspiel

In dieser Variation erhält der Spieler einen Rückpass, spielt ein Wandspiel mit dem Passgeber und dribbelt zum Seitenhütchen, damit er den nächsten Pass geben kann.

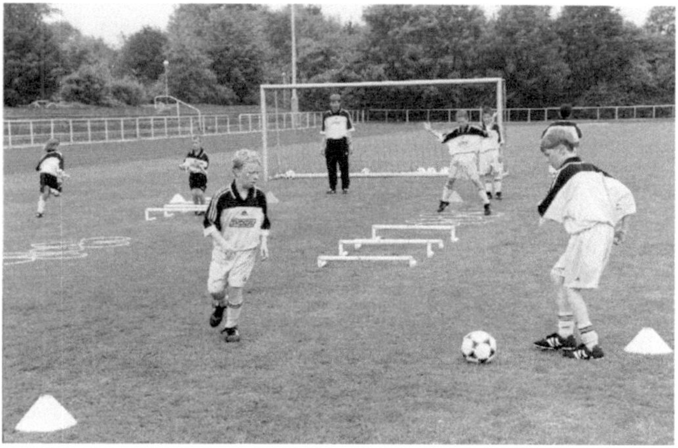

Aufgabe C: Kopfball oder Torschuss
In Variation C wirft der Spieler im Tor einen Ball zum Spieler, der aus dem Parcours heransprintet.

Der köpft den Ball so, dass ihn der Werfer fangen kann, und wechselt die Position mit ihm.

Eine weitere Variation ergibt sich, wenn ein Torwart den Ball wirft und die Spieler mit einem Flugkopfball oder Torschuss abschließen.

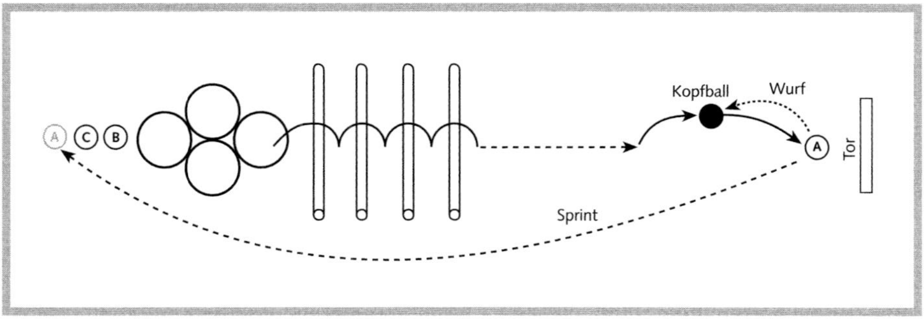

Methodischer Hinweis:
Der Trainer wechselt ständig die Aufgaben im Stangen-Reifen-Parcours, damit sich die Spieler immer wieder auf neue Rahmenbedingungen einstellen müssen.

Übungen mit Mittelaktion

Im speziellen KT für Fußballer sollten die Spieler Fußballtechniken zwischen Stangen- oder Reifenparcours erledigen. Sie absolvieren Schritt- und Sprungbewegungen

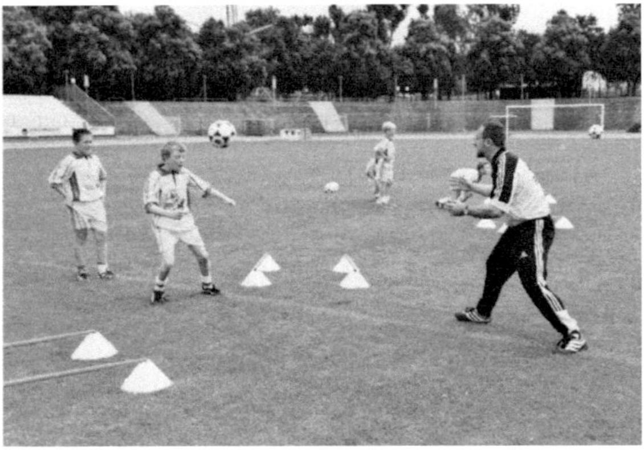

im Parcours und wenden in der Mitte die geforderte Fußballtechnik (hier: Kopfball in der seitlichen Bewegung) an. Dies hat den Vorteil, dass die Spieler eine gelernte Technik (Passen, Ballannahme, Torschuss oder Kopfball) unter erschwerten Bedingungen zeigen, denn ihre Konzentration wird durch die Zusatzaufgabe von der Fußballtechnik abgelenkt.

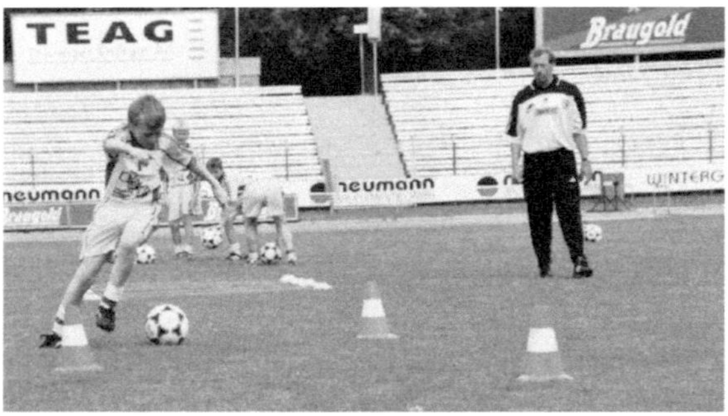

Dosiertes Passspiel

In dieser Übung spielen Spieler ihren Ball am Parcours vorbei. Sie wählen die Geschwindigkeit des Balls so, dass sie ihn kurz hinter dem Parcours mitnehmen und zwei (oder mehr) Dribbelaktionen anschließen können.

Dabei entwickeln sie ein Gefühl für den sog. «tödlichen» Pass in den Raum, der so dosiert sein muss, dass er weder zu schnell ist, noch auf dem Weg zum Tor «verhungert».

TRAINING MIT DER KOORDINATIONSLEITER

Ein effektives und systematisches Koordinationstraining für Fußballer erfordert neben Fußbällen auch zahlreiche Trainingsgeräte wie Stangen, Reifen, Hürden und nicht zuletzt auch die Koordinationsleiter.

Die Koordinationsleiter ermöglicht einen schnellen Aufbau und vielseitigen Einsatz im Fußballtraining.

Übungen ohne Ball

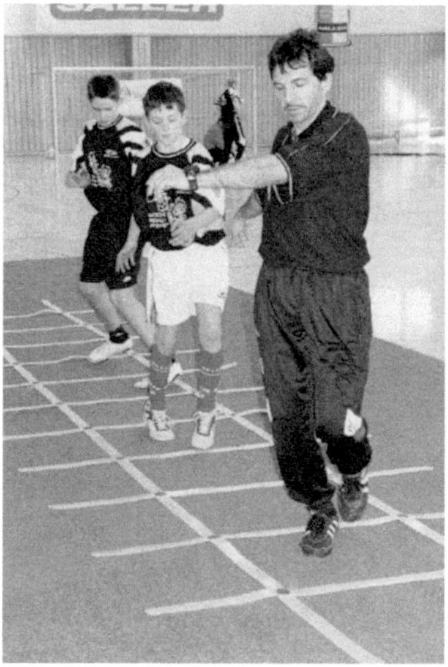

Kreuzschritte

Schnelle Schritte über die Koordinationsleiter

- vorwärts (ein Kontakt) / vorwärts (zwei Kontakte)
- jedes 2. (3.) Feld durchlaufen (Variation der Schrittlänge)
- Aufgaben aus dem Lauf-ABC (z. B. Anfersen, Kniehebelauf, Laufen mit betontem Fußgelenkeinsatz)
- seitliches Laufen (zwei Kontakte)
- Kreuzschritte
- rückwärts (ein Kontakt) / rückwärts (zwei Kontakte)

Ausfallschritte

- mit Tab (äußeren Fuß absetzen)
- ohne Tab (äußeren Fuß abfangen und zurückbewegen)

Pendelschritte mit dem hinteren Fuß

- Der Führungsfuß (vorderer Fuß) wird in die Felder der Koordinationsleiter gesetzt.

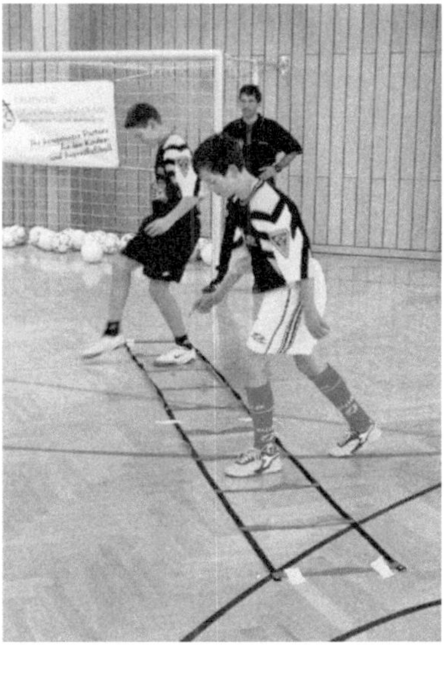

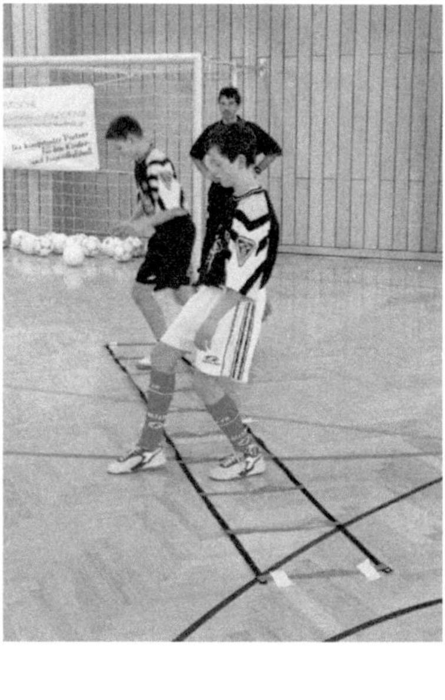

- Der Pendelfuß (hinterer Fuß) wird vor und zurück bewegt.
- Rhythmus: rechter Fuß vor – links pendelt nach hinten – rechts vor – links pendelt vor – rechter Fuß ins nächste Feld – links pendelt nach hinten …

Zusatzaufgaben für die Arme

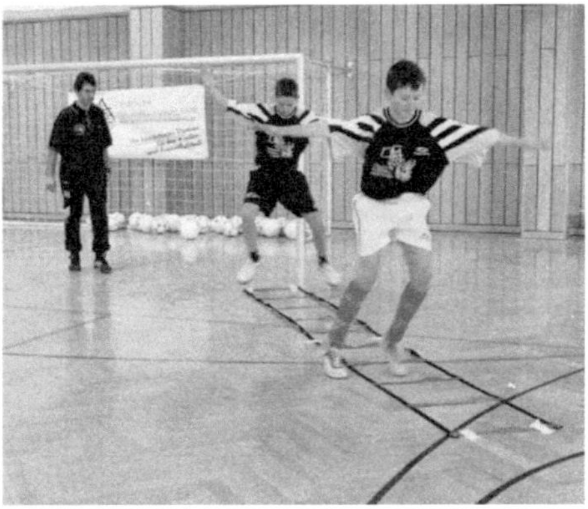

Beim Durchlaufen der Koordinationsleiter sind auch Zusatzaufgaben für die Arme möglich. Diese erhöhen den Schwierigkeitsgrad der Bewegungsaufgabe. Die Arme werden dabei in einer ungewohnten Position gehalten (Seithalte, Hochhalte, auf dem Rücken) oder bewegt (vor – zurück, hoch – herunter, gegen Knie/Brust/Hüfte und zurück).

Hampelmann und Hopserlauf

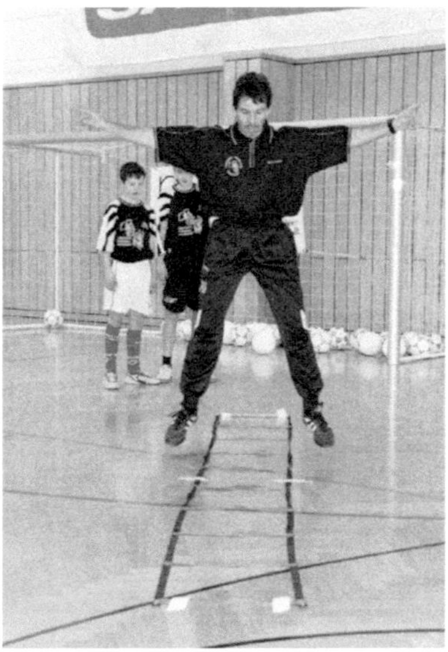

Bekannte Bewegungen werden in der Koordinationsleiter erschwert, weil die Spieler ihre Beinbewegungen auf die vorgegebenen Abstände innerhalb der Ko-Leiter ausrichten müssen. Dies gilt für den Hampelmann genauso wie für den Hopserlauf.

Variation 1:
Sprung in jedes zweite Feld der Koordinationsleiter

Variation 2:
Sprung in jedes Feld der Koordinationsleiter

Variation 3:
Hampelmann verkehrt (Arme offen – Beine geschlossen)

Variation 4:
Arme im Wechsel vor dem Körper gestreckt hoch und herunter

Übungen mit Ball

Eine sinnvolle Ergänzung zu den Übungen mit Armbewegungen bieten Bewegungsformen, in die der Ball mit eingebunden wird.

- Er kann hinter dem Körper gehalten, hoch und herunter oder gegen Fuß oder Knie bewegt werden.
- Die Spieler können den Ball in dieser Position auch leicht bewegen (hoch – herunter oder links und rechts). Dies erschwert die Aufgabe und schult die Koordination von Armen und Beinen.

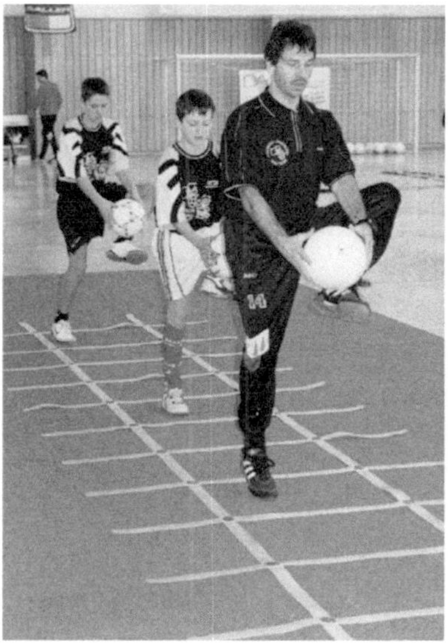

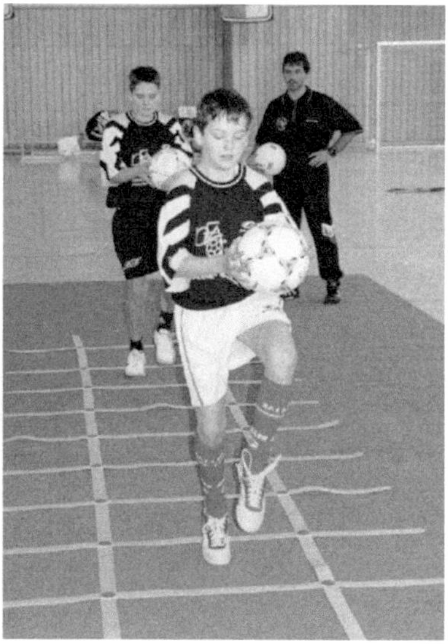

Ball gegen Innenseite / Ball gegen Knie

Variationen:

Der Ball kann beim Durchlaufen der Koordinationsleiter:

- um den Körper bewegt
- hochgeworfen
- geprellt werden.

Dabei sollte der flüssige Laufrhythmus durch die Wurf- oder Prellbewegungen nicht unterbrochen werden.

Übungen mit Ball und Partner

Der Trainer oder ein Partner hat einen Ball in der Hand und wirft (hoch) oder schießt (flach) ihn dem Spieler zu, der in der Koordinationsleiter vorgegebene Bewegungen (z. B. schnelle Fußbewegungen mit Ausfallschritten) ausführt.

Bewegungen zum Trainer

Mögliche Fußballtechniken:

- Kopfball
- Zurückspielen mit der Innenseite (flach oder hoch)
- Zurückspielen mit dem Spann (hoch)
- Hüftdrehstoß

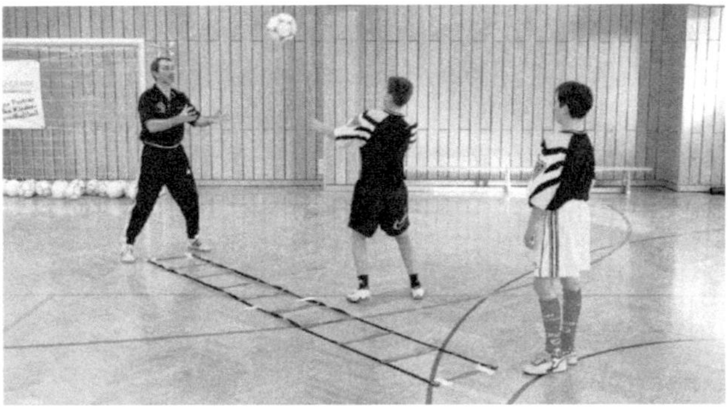

Trainer seitlich

- Kopfball nach Schritt- oder Sprungfolgen in der Koordinationsleiter
- Pässe nach Schritt- oder Sprungfolgen in der Koordinationsleiter
- Zuspiel zum Trainer – Pass in den Lauf – Durchlaufen der Koordinationsleiter-Ballannahme – Zurückdribbeln.

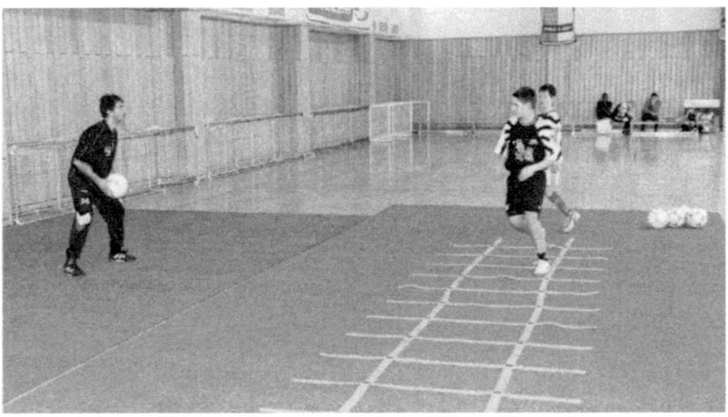

Räumliche Anordnung

Die Koordinationsleiter lässt sich auch im rechten Winkel anordnen. Dadurch können Vorwärts- und Seitwärtsbewegungen kombiniert werden. Z. B. Ausfallschritte – Laufen seitlich mit zwei Kontakten

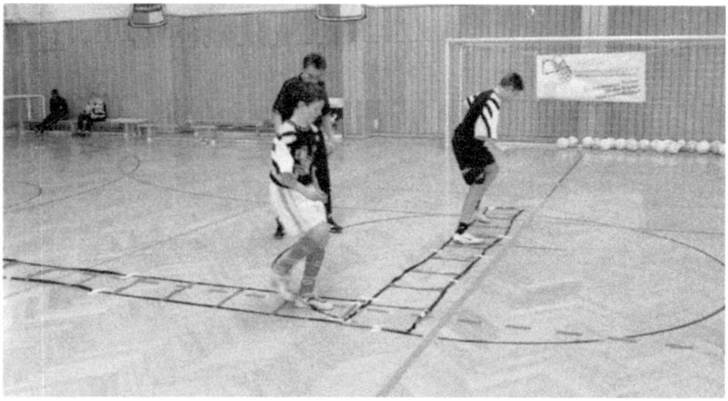

Übungen mit Anschluss-Aktion

An die Übungen in der Koordinationsleiter lassen sich auch Technikaufgaben (Pass-Folgen, Kopfbälle, Torschuss, …) anschließen.

Der erste Spieler einer Gruppe startet auf der einen Seite der Koordinationsleiter, während der Trainer oder ein Spieler hinter der Leiter mit einem Ball bereitsteht. Das Zuspiel (der Zuwurf) sollte kurz nach Überwindung der Ko-Leiter erfolgen.

Variation 1: fester Zuspieler

Variation 2: Hinter der Koordinationsleiter übernimmt der Läufer die Position des Zuspielers nach einer Pass-Folge oder einem Kopfball.

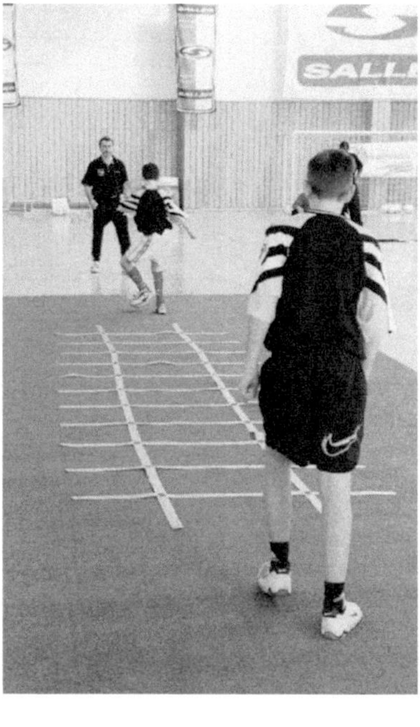

Koordinationsleiter und Torschuss:

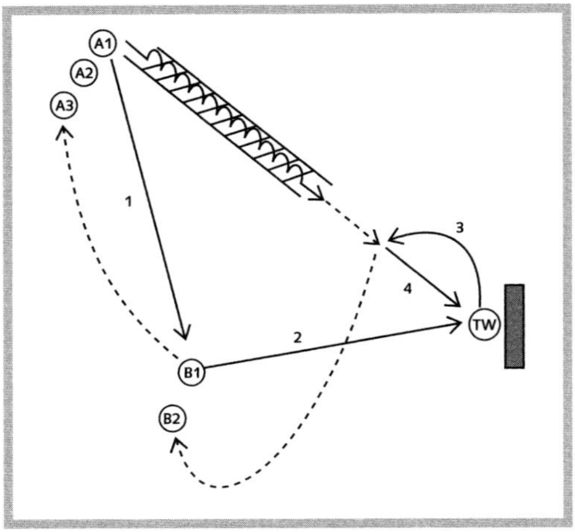

(1) A1 spielt zu B1 und durchläuft die Koordinationsleiter.
(2) B1 spielt direkt zum Torwart, der den Ball aufnimmt.
(3) TW wirft (oder passt) den Ball zu A1.
(4) A1 schließt mit einem Kopfball, Hechtkopfball, Torschuss ab und stellt sich hinter B2 an. B1 stellt sich hinter A3 an.

Es folgt A2 mit einem Pass zu B2.
(Weitere Informationen zum Koordinationstraining finden Sie in: P. Schreiner: Koordinationstraining – Fußball, 2000)

Komplette Muster-Trainingseinheiten

Serie 1: Ballgefühl-Dribbling

In den TE der ersten Serie geht es um die effektive Vermittlung von Ballgefühl, Ballbeherrschung, Dribbeltechniken, Richtungsänderungen, Drehungen und Finten. Es soll ein umfangreiches Bewegungsrepertoire aufgebaut werden.

Das dabei entwickelte Ballgefühl hilft auch beim Erlernen weiterer Fußballtechniken. So wirkt sich die intensive Auseinandersetzung mit dem Ball auch positiv auf die Ballannahme, ein dosiertes Pass-Spiel oder einen zielgenauen Torschuss aus dem Dribbling aus. Die Spieler sehen mehr und verhalten sich taktisch klüger, weil ihre Konzentration nicht nur auf den Ball gerichtet ist.

Übungen aus dieser Reihe eignen sich ganz besonders für den Aufwärmdrill. Dabei ist es sehr wichtig, dass der Trainer sowohl die Trainingsformen (Zick-Zack, Kamm, Kleingruppenübungen) als auch Techniken abwechslungsreich zusammenstellt.

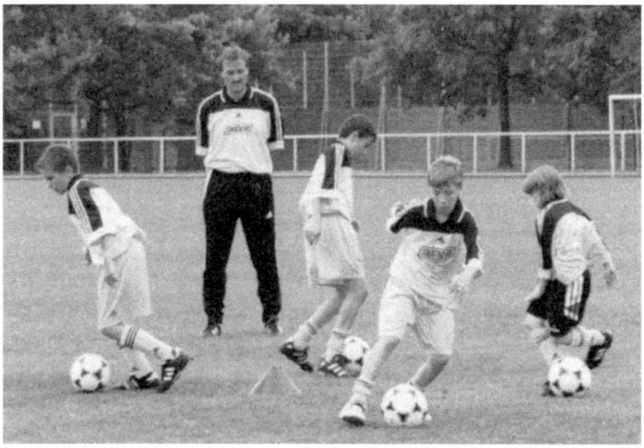

In dieser Reihe lernen die Spieler,

- den Ball eng am Fuß und kontrolliert vorwärts zu bewegen (dies kann dazu dienen, sich im Raum neu zu orientieren, d. h. Mitspieler zu suchen oder einem Mitspieler die Möglichkeit zu geben, sich geschickt freizulaufen. Der Blick sollte dabei vom Ball gelöst sein, damit der Ballführende die Spielsituation erfassen kann),

- einen freien Raum möglichst schnell zu überwinden (der Ball wird nicht so eng am Fuß gehalten wie bei der Ballführung, sollte jedoch immer unter Kontrolle bleiben. Wenn die Situation es erfordert, sollte der «Balltreiber» in der Lage sein, die Richtung oder das Tempo zu wechseln bzw. die Vorwärtsbewegung abzubrechen),
- einen Gegner durch eine Finte (Scheinbewegung) ins Leere laufen zu lassen. Dies geschieht häufig durch Tempo- oder/und Richtungswechsel, verbunden mit einer Körpertäuschung.

Trainingseinheit B 1: Basisübungen: Ballgefühl

A) Einstimmen:

Zu dieser TE eignet sich das «Schattendribbling» (Spiel A 5), mit dem die Spieler lernen, den Blick vom Ball zu nehmen und ihren Partner zu verfolgen. (Alternativen: Spiele: A 1, A 2)

B) Aufwärmdrill

Da dies die erste TE dieser Reihe ist, beginnt der Trainer mit dem Zick-Zack und erklärt die Laufwege.

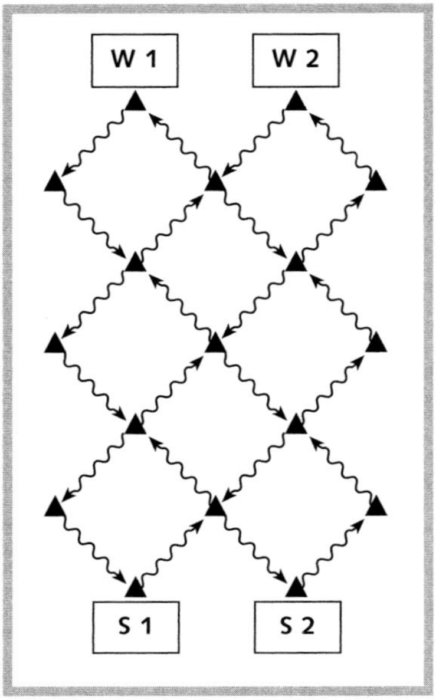

Vierer-Zick-Zack

Die Spieler dribbeln frei von den Starthütchen S1 und S2 durch den Zick-Zack zu den Wendehütchen W1 und W2 und zurück. Die Techniken sind noch nicht vorgegeben, es geht nur um das kontrollierte Durchdribbeln des Parcours.

C) Koordinationstraining

Der Trainer wechselt zum aufgebauten Stangen- und Reifenparcours und organisiert Übungen aus dem Bereich des allgemeinen Koordinationstrainings: Laufkoordination mit Stangen und Reifen (vgl. Seite 90–92).

D) Schwerpunktthema: Ballbeherrschung und Richtungsänderungen

Der Trainer führt die Spieler zurück zum Zick-Zack (vgl. Aufwärmdrill) und baut nun gezielt die möglichen Techniken auf.

Aufgabenstellung:

- Dribble zur Wiederholung frei durch den Parcours (1 Runde langsam/1 Runde schnell)
- zwei Runden Kappen innen
- zwei Runden Kappen außen
- zwei Runden Kappen innen und außen im Wechsel

Weitere Techniken kommen nach und nach hinzu und werden dann ständig wiederholt.

Zick-Zack in der Zweiergruppe:

In dieser Trainingsform lernen die Spieler den Ausfallschritt.

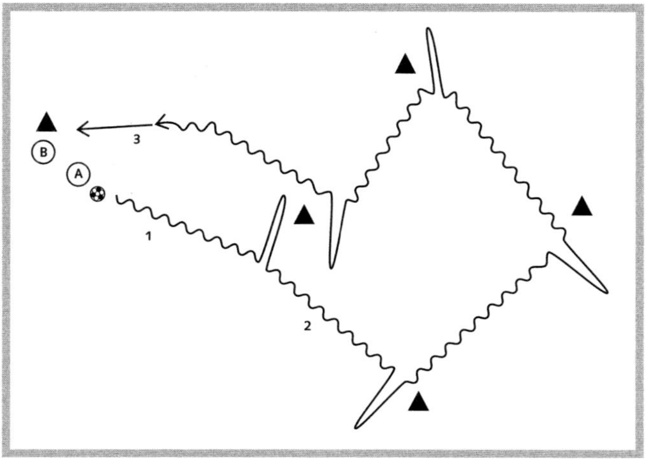

(1) Zwei Spieler stehen an einem Hütchen. A hat den Ball und dribbelt auf das erste Hütchen zu.

(2) Er durchdribbelt den kurzen Zick-Zack-Parcours und wiederholt dabei das Kappen innen und außen.

(3) Nach dem Pass zu B wartet er am Starthütchen, bis B seine Runde beendet hat. Die Spieler wechseln die Drehrichtung nach jeweils drei Runden.

Der Trainer erklärt nun Ausfallschritt. Alle Spieler zeigen diese neue Technik und üben sie intensiv.

Zick-Zack mit Torschuss

Zwischen zwei Toren baut der Trainer einen Zick-Zack auf. Auf beiden Seiten starten Spieler durch den Parcours und schließen mit einem Torschuss ab. Wenn der Torwart den Ball hält, rollt er ihn in den Lauf des Spielers, der sich bei der nächsten Gruppe anstellt. Je mehr Spieler an dieser Übung teilnehmen, desto länger sollte der Zick-Zack sein. Es bietet sich an, einen zweiten (oder dritten) Parcours mit weiteren Toren aufzubauen, damit die Spieler möglichst viele Tore schießen können.

Wenn nicht genügend Tore vorhanden sind, reichen auch Hütchentore. Jeder Spieler sollte auch die Rolle des Torwarts einnehmen.

Dribbeltechniken: Kappen innen und außen, Ausfallschritt

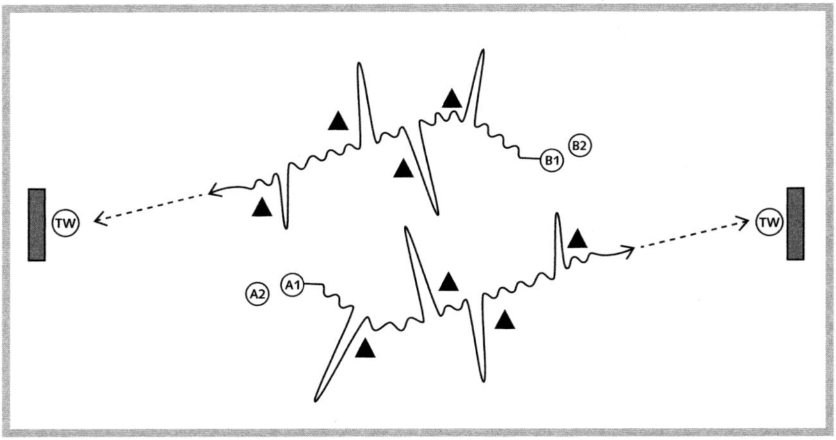

E) Abschluss-Spiel:

- Turnier 4 gegen 4 mit vielen Dribbelaktionen

Trainingseinheit B 2: Dribbel-Übungen in der Dreiergruppe

A) Einstimmen:

Aufwärmspiel A 3: Autorennen (bis E-Jugend)
Aufwärmspiel A 2: Pest in Venedig (bis C-Jugend)

B) Aufwärmdrill – Dribbling im Vierer-Zick-Zack

Die Spieler wiederholen die gelernten Techniken im Zick-Zack (Kappen innen, Kappen außen, Ausfallschritt) und probieren eigene Tricks aus.

C) Koordinationstraining

Der Trainer stellt Aufgaben aus dem allgemeinen Koordinationstraining im Stangen- und Reifenparcours.

D) Schwerpunktthema: Dribbel-Übungen in der Dreiergruppe

Neue Technik im Zick-Zack – Eindrehen innen

Die Spieler lernen das Eindrehen innen im Zick-Zack. Dabei drehen sie gegen die Laufrichtung und Kappen den Ball zwei- bis dreimal. Die Spieler sollten die Drehung zunächst langsam ausführen und die Drehgeschwindigkeit ständig steigern. Bei dieser Bewegung schirmen sie den Ball vor einem Gegenspieler (Hütchen) ab, drehen in die neue Richtung und starten zum nächsten Hütchen.

Zick-Zack in der Dreiergruppe (ohne Platzwechsel)

B dribbelt eine vorgegebene Zeit (ca. 1 Minute) im Kurz-Zick-Zack und spielt den Ball dem Außenspieler C zu. C spielt ihn direkt zurück. Nach einer kurzen An- und -mitnahme dribbelt B zurück und spielt ein Wandspiel nun mit A. Nach der Minute wechseln die Spieler ihre Position. Jeder Spieler kommt zweimal in die Mitte. Die Außenspieler absolvieren in der kurzen Pause jeweils eine gymnastische Übung.

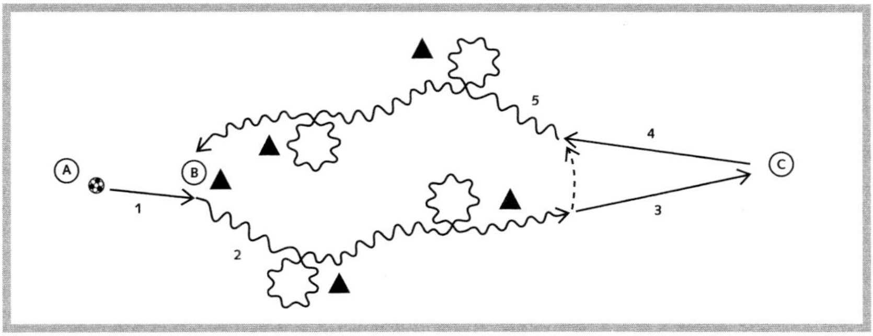

Techniken: Kappen innen/außen, Ausfallschritt und Eindrehen innen

(1) A passt zu B
(2) B durchdribbelt den Parcours
(3) B passt zu C
(4) C spielt den Ball direkt zurück zu B
(5) B durchdribbelt den Parcours …

Übungen in der Dreiergruppe mit Platzwechsel

In dieser Übung wechseln die Spieler nach dem Dribbling mit einer Pass-Folge mit dem Außenspieler.

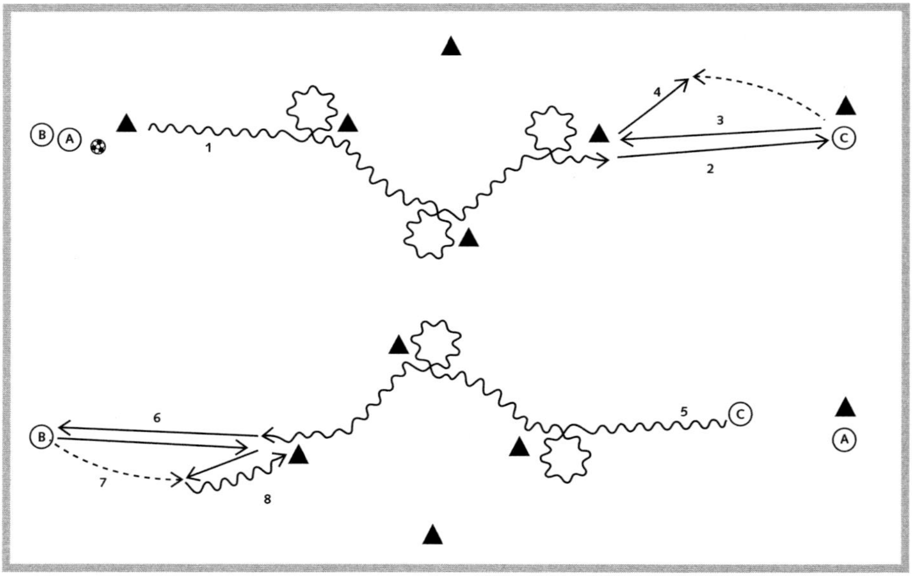

(1) Dribbling durch den Parcours
(2) Pass zu C
(3) C passt zurück zu A
(4) A passt zur Seite in den Lauf von C
(5) C nimmt den Ball an und mit und dribbelt durch den Parcours usw.

Dreieck mit Zentrum

Drei Spieler dribbeln mit ihrem Ball gleichzeitig auf ein Zentrum zu. Ca. 1 m vor dem Zentrum drehen alle Spieler zur linken Seite und dribbeln zum nächsten Hütchen. Wenn die drei Spieler am Hütchen angelangt sind, dribbeln sie erneut auf die Mitte zu. Nach einigen Durchgängen wechseln sie die Drehrichtung.

Vor der Mitte führen sie eine kleine Täuschung aus:
- Ausfallschritt
- Übersteiger
- Eindrehen innen

Wenn bei der Gruppeneinteilung ein Spieler übrig ist, bildet der Trainer eine Vierergruppe (Quadrat mit Zentrum).

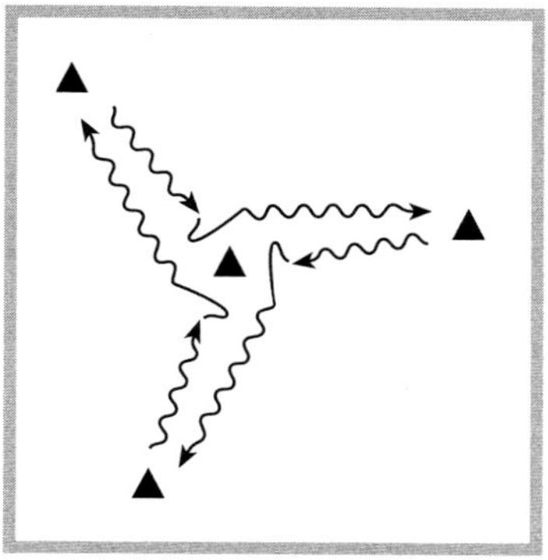

E) Abschluss-Spiel

Das Training endet mit einem Abschluss-Spiel oder einem Wettkampf aus der Sammlung «Kleine Wettkämpfe».

Trainingseinheit B 3: Richtungsänderungen um 180 Grad

A) Einstimmen:

Aufwärmspiel A 5 – Schattendribbling und/oder A 14 – Aufwärmkontakt

B) Aufwärmdrill – Dribbling im Vierer-Zick-Zack

Der Trainer ruft die gelernten Techniken im Zick-Zack (Kappen innen, Kappen außen, Ausfallschritt, Eindrehen innen) in unregelmäßiger Reihenfolge aus. Die Spieler reagieren sofort und schalten auf die neue Technik um. Mit dieser Übung stellt der Trainer sicher, dass die Spieler die Begriffe kennen und schnell auf die unterschiedlichen Richtungsänderungen und Drehungen umschalten können.

C) Koordinationstraining

Die Spieler absolvieren weitere Übungen aus dem allgemeinen Koordinationstraining.

(Trainingshilfen: Stangen/Reifen/Koordinationsleiter)

D) Schwerpunktthema: – Richtungsänderungen um 180 Grad

Dribbling im Stern (180-Grad-Drehung)

Die Spieler dribbeln gleichzeitig mit dem Ball vom Außenhütchen zum Mittelhütchen (Startsignal eines Spielers oder des Trainers). Ca. 1 m vor dem Hütchen ziehen sie den Ball zurück und dribbeln zu ihrem Hütchen.

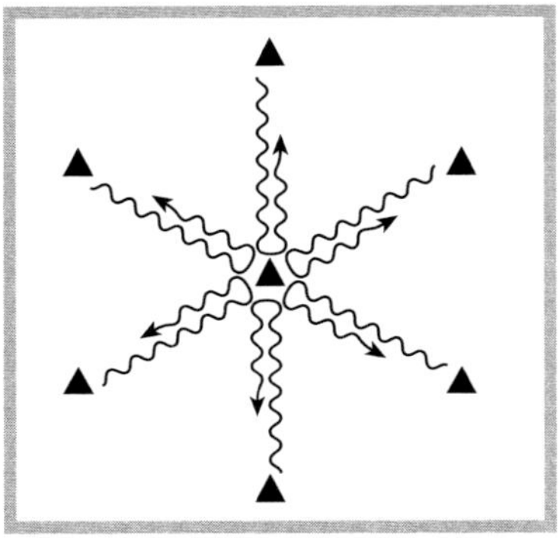

Mögliche Techniken:

- Zurückziehen mit der Sohle
- Kappen mit der Innenseite
- Kappen mit der Außenseite

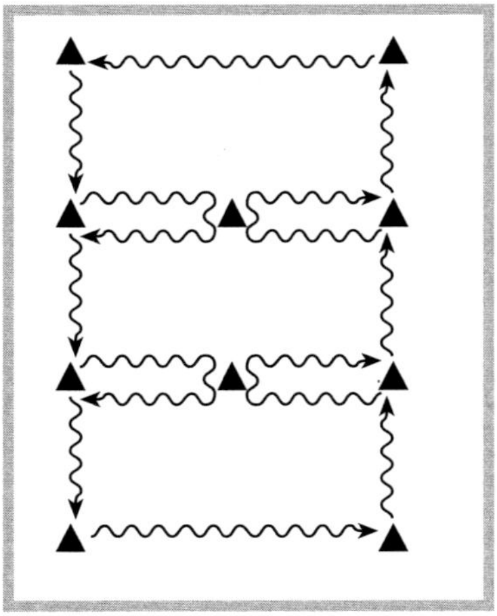

Grundtechniken im Kamm:

Die Spieler dribbeln im vorgegebenen «Kamm» (vor – zur Mitte – zurück – vor ...) mit folgenden Techniken:

- Mit der Sohle zurückziehen
- Kappen innen
- Kappen außen

Mit dieser Übung gewinnen die Spieler die Ballsicherheit, die sie brauchen, wenn ein Gegner seitlich angreift. Sie automatisieren mögliche Techniken, die notwendig sind, um schnell vom Gegner wegzudribbeln und den Ball abzuschirmen.

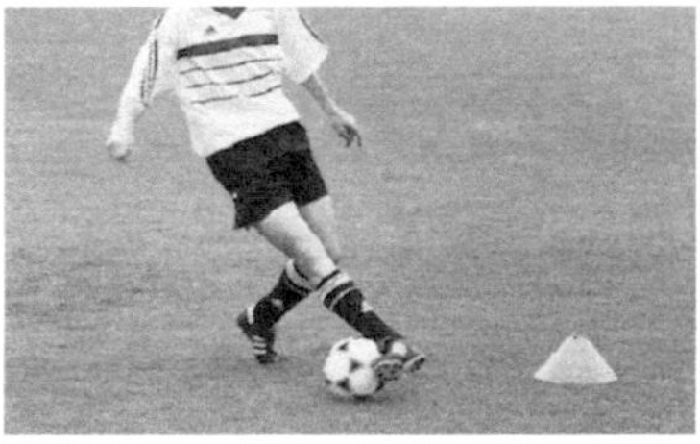

Kappen außen

Techniken im Kamm – Zweiergruppe

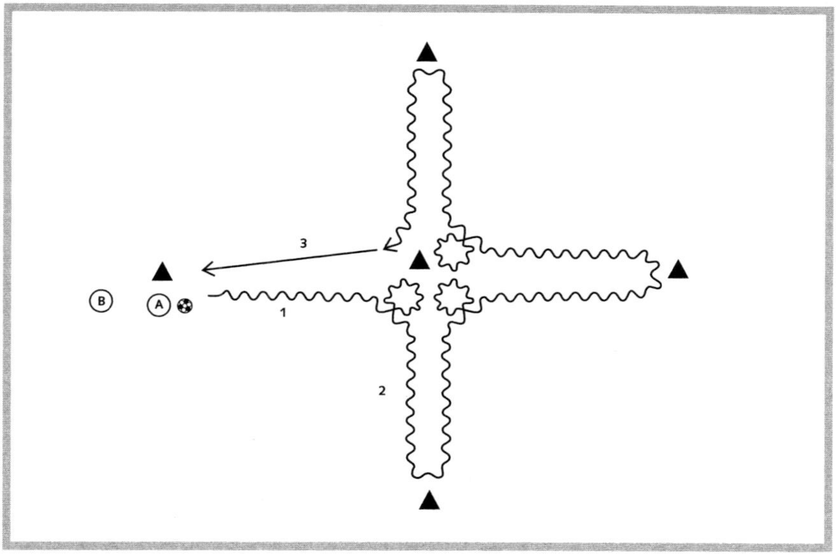

Die Spieler üben die gelernten Richtungsänderungen um 180 Grad in Zweiergruppen

(1) A dribbelt zum ersten Hütchen

(2) A führt im Wechsel 90-Grad- und 180-Grad-Drehungen aus.

(3) Nach Durchdribbeln des Parcours spielt A den Ball zu B.

Übungen mit Gegnerspieler

A dribbelt auf das Mittelhütchen zu. B greift von der rechten Seite an. A dreht B den Rücken zu und zieht den Ball mit einer vorgegebenen Technik (Sohlentrick, Kappen innen, Kappen außen …) nach hinten.

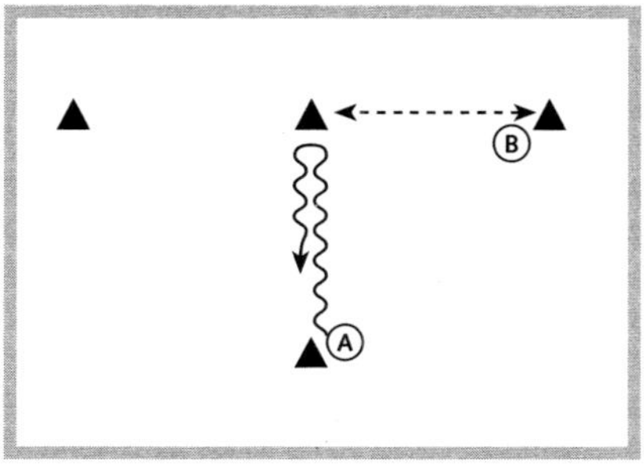

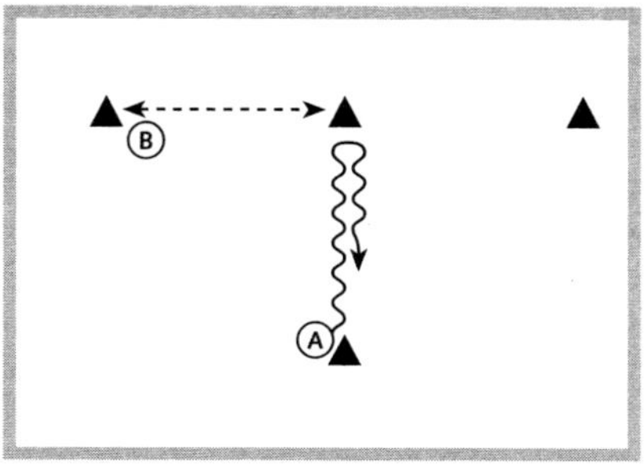

Wenn beide Spieler wieder beim Ausgangshütchen angekommen sind, starten sie erneut. Nach 5 Durchgängen zur linken und rechten Seite wechseln die Spieler ihre Aufgabe. A wird nun Abwehrspieler, und B dribbelt.

E) Schluss

- Brennfußball (Spiel W 01) – Spielzeit: 2x7 Minuten
- Spiel auf zwei Tore.

Trainingseinheit B 4: Dribbeln mit Anschlussaktionen

A) Einstimmen:

Aufwärmspiele: A 9 – Jägerball und/oder A15 -Überraschungsfangen

B) Aufwärmdrill: Dribbling im Dreieck

Jeder Spieler baut sich ein Dreieck und dribbelt mit dem Ball von Hütchen zu Hütchen. Nach jeder Runde ändert er die Drehrichtung.

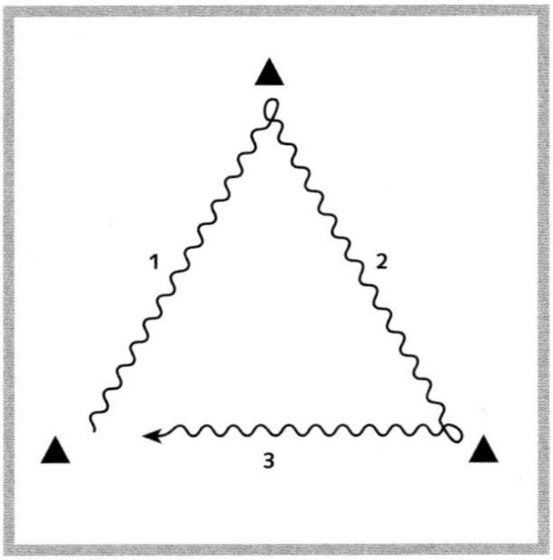

Mögliche Techniken:

- Kappen mit der Innenseite
- Kappen mit der Außenseite
- Eindrehen innen

C) Koordinationstraining

Übungen im Reißverschluss (vgl. Seite 94/95) ohne Ball

D) Hauptteil

Übungen in der Dreiergruppe (ohne Positionswechsel)

Ein Spieler dribbelt im Parcours, spielt die Außenspieler an und erhält den Ball direkt zurück. Nach einer vorgegebenen Zeit wechseln die Spieler ihre Position. Der Trainer erklärt das Ziehen hinter das Standbein, das die Spieler in dieser Übung neben den bekannten Techniken intensiv üben.

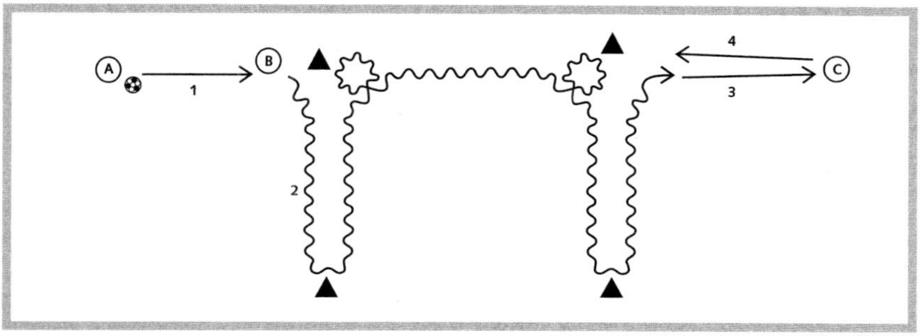

(1) A spielt zu B.
(2) B nimmt den Ball zur Seite mit und führt am nächsten Hütchen eine 180-Grad-Drehung aus.
(3) Am Ende des Parcours spielt er C an.
(4) C spielt direkt zurück zu B, der sofort zurückdribbelt.

Techniken:
Kappen innen, Sohlentrick und Ziehen hinter das Standbein (neu)

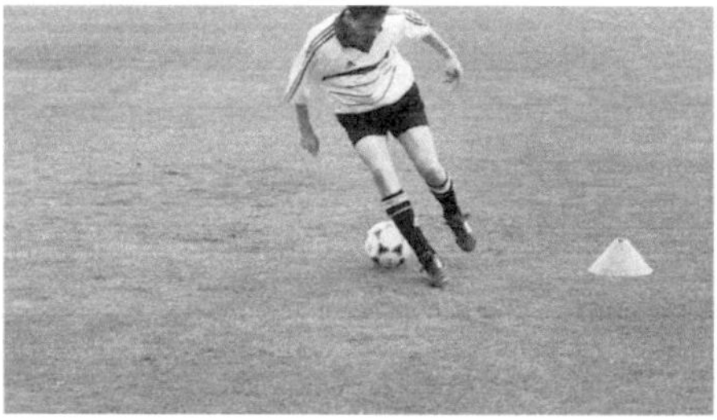

Übungen im Kamm – Dreiergruppe (mit Positionswechsel)

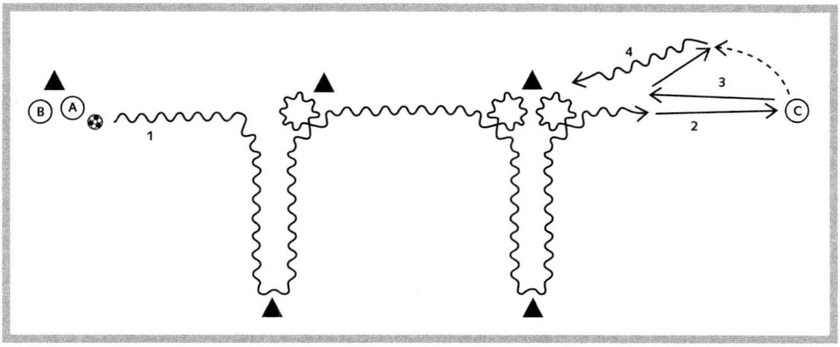

(1) A dribbelt durch den Parcours (wie in der Übung vorher).
(2) Am Ende des Parcours spielt A zu C.
(3) C passt den Ball direkt zurück zu A, der ihn ebenfalls direkt zur Seite spielt und die Position von C einnimmt.
(4) C nimmt den Ball an und mit und durchdribbelt nun seinerseits den Parcours.

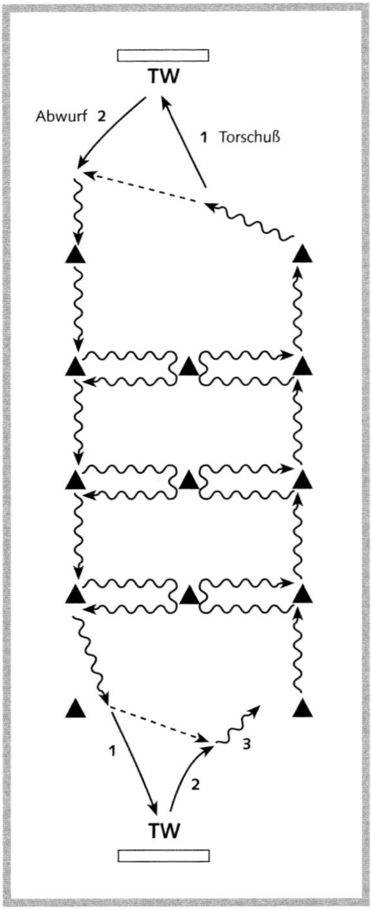

Techniken im Kamm mit Torschuss

In dieser Übung verbinden die Spieler die gelernten Techniken mit dem Torschuss. Diese hat den Vorteil, dass keine langen Wartezeiten (Schlangen) entstehen und die Spieler den Torschuss mit einer Auftaktbewegung anwenden müssen.

E) Schluss

- Fang die Dribbler (Spiel W 03)
- Spiel auf vier Tore.

Trainingseinheit B 5: Achterdribbling

A) Einstimmen:

Aufwärmspiele: A 12 – Sechs-Tage-Rennen und / oder A 6 – Merkmal

B) Aufwärmdrill: Übungen im Kamm

Der Trainer baut den Vierer-Kamm auf. Die Spieler starten an zwei Hütchen und dribbeln nach dem vorgegebenen Muster.

Auf Zuruf des Trainers ändern sie die Technik (Sohlentrick, Kappen innen/außen, Ziehen hinter das Standbein …)

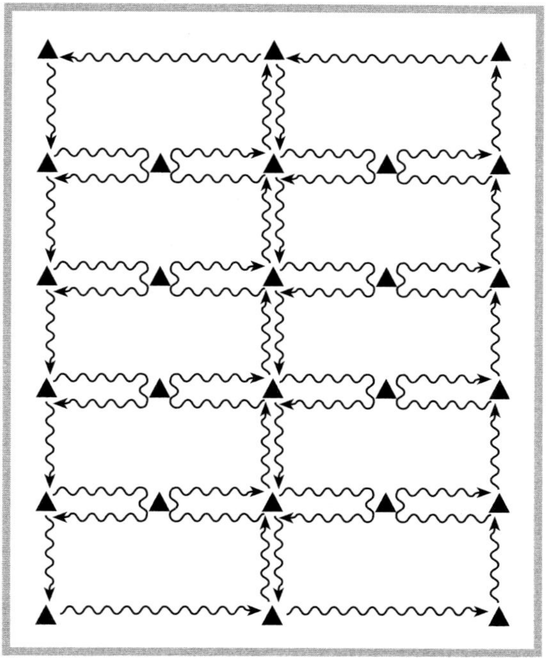

Vierer-Kamm

C) Koordinationstraining

Übungen im Reißverschluss (vgl. Seite 95) mit Ball

D) Hauptteil: Dribbeln für Fortgeschrittene

Frontalen Gegner ausspielen

Nach der Ausweichaktion mit einem Ausfallschritt spielen die Spieler (A1 und B1) den Ball zu den wartenden Spielern (A2 und B2).

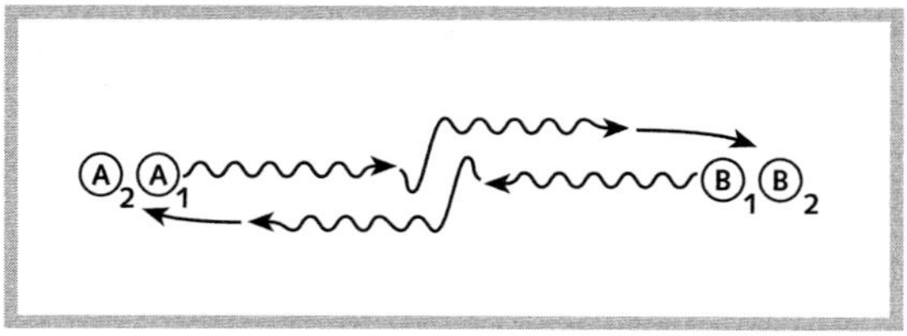

Achterdribbling in der Dreiergruppe

Die Spieler wiederholen folgende Techniken in der neuen Trainingsform: Kappen innen, Eindrehen innen, Ziehen hinter das Standbein

(1) A dribbelt zum ersten Hütchen.

(2) Dribbelrichtungen in der Achterform: diagonal vor – zurück – diagonal vor.

(3) A passt zu C und nimmt seine Position ein (4).

(5) C nimmt den Ball an und mit und dribbelt auf dieselbe Weise durch den Parcours.

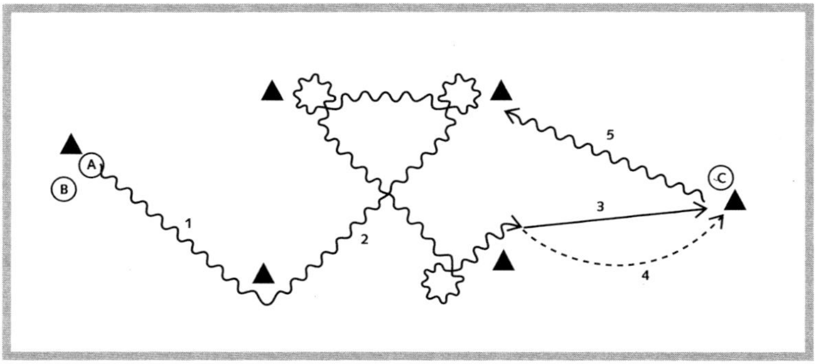

(6) C dribbelt diagonal vor – zurück – diagonal vor.

(7) C passt den Ball zu B und wechselt mit ihm die Position (8).

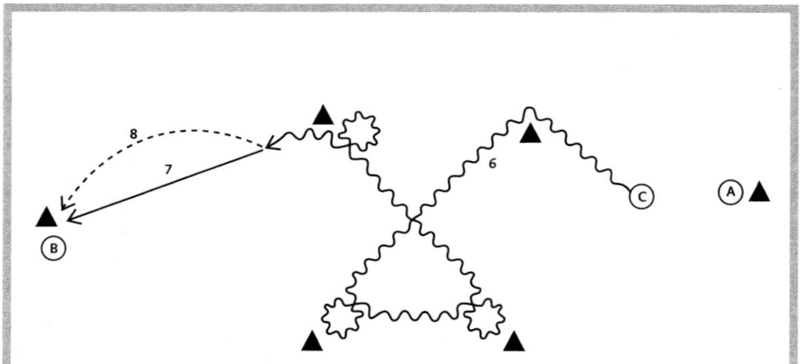

Achterdribbling mit Torschuss

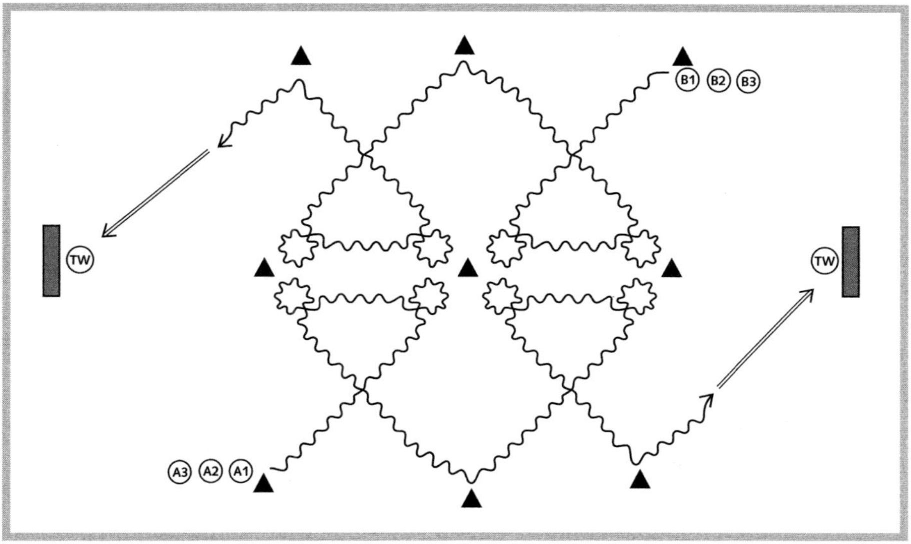

E) Schluss

- Dribbler gegen Jongleure (Spiel W 07)
- Spiel auf zwei Tore.

Aus den fünf TE dieser Serie lassen sich problemlos weitere TE bilden. Kombinieren Sie einfach Inhalte, Trainingsformen und Spiele, damit die Spieler die wichtigen Basisbewegungen in für sie neuen Zusammenstellungen üben. Ausführliche Beschreibungen und Darstellung möglicher Dribbeltechniken und weitere Organisationsformen finden Sie im Buch «Erfolgreich Dribbeln» (Schreiner, 1999)

SERIE 2: BALLAN- UND -MITNAHME

Zusammenspiel mit einem Partner, Herausspielen von Torschussmöglichkeiten und ein geordneter Spielaufbau erfordern neben den verschiedenen Stoßarten auch unterschiedliche Techniken der Ballan- und -mitnahme. Das hohe Tempo des modernen Fußballspiels bietet den Spielern keine Möglichkeit, den Ball zu stoppen und eine weitere Aktion anzuschließen. Vielmehr ist es dringend notwendig, die Anschlussaktion (Pass, Dribbling oder Torschuss) schon mit der Ballannahme vorzubereiten.

Methodische Hinweise:

- Die Spieler nehmen in der ersten Stufe flach zugespielte anrollende Bälle an und mit. (Innenseite / Außenseite)
- An- und Mitnehmen des Balls gehen fließend ineinander über. Die Ballannahme leitet die Mitnahme ein und schließt mit der Anschlusshandlung ab.

Trainingseinheit A 1: An- und Mitnahme mit der Innenseite

A) Einstimmen / Aufwärmen

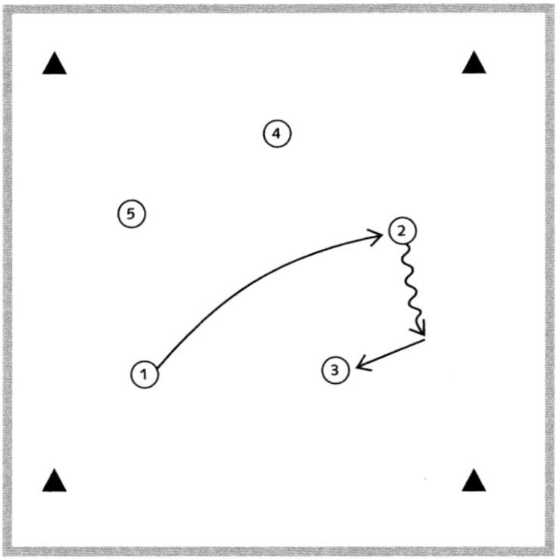

Nummernzuspiel

- 5 Spieler einer Gruppe werden von 1 bis 5 durchnummeriert. Spieler 1 hat den Ball.
- Alle Spieler bewegen sich frei im Raum.
- Spieler 1 passt zu 2, 2 nimmt den Ball kurz mit in den Lauf und passt dann zu 3, 3 zu 4, 4 zu 5 und 5 wieder zu 1.

B) Aufwärmdrill

- Zick-Zack in der Dreiergruppe mit Platzwechsel
- Wiederholung der An- und Mitnahme nach dem Zick-Zack und der gelernten Dribbeltechniken

C) Koordinationstraining

Lauf- und Sprungübungen im Stangendreieck (vgl. Seite 94/95)

D) Hauptteil: An- und Mitnahme flacher Bälle mit der Innenseite

Ü1: Ball mit der Innenseite schräg nach vorne mitnehmen

- A und B stehen sich in 3–5 m Entfernung gegenüber.

- A passt den Ball zu B, der ihn mit der Innenseite schräg nach vorne an- und mitnimmt.
- B passt den Ball wieder zu A und läuft zum Hütchen zurück.
- **Anzahl:** Jeweils 10 Wiederholungen mit dem rechten Fuß nach links und mit dem linken nach rechts. Dann wechseln die Spieler ihre Position.

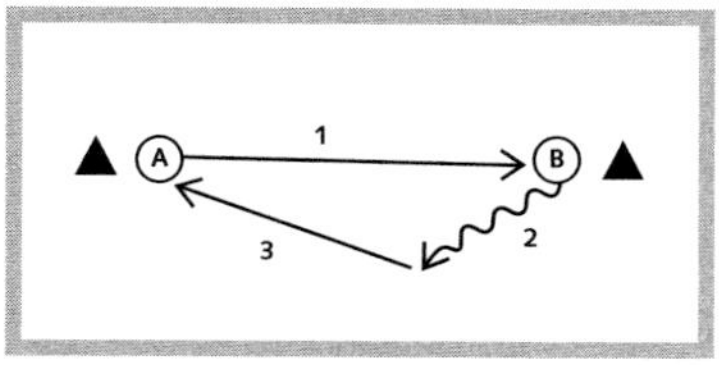

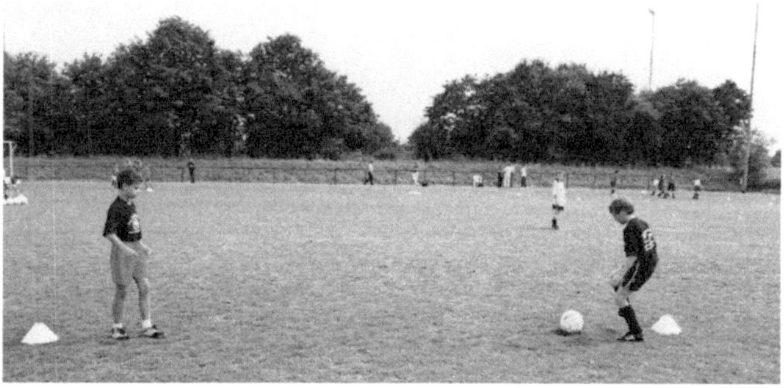

Ü2: Ball mit der Innenseite zur Seite mitnehmen

- A nimmt den von B flach zugespielten Ball mit der Innenseite an und zur Seite (90 Grad) mit.
- Anschließend dribbelt er zurück, passt den Ball flach zu B.
- Dann spielt A zu B, und B nimmt die Bälle zur Seite mit.

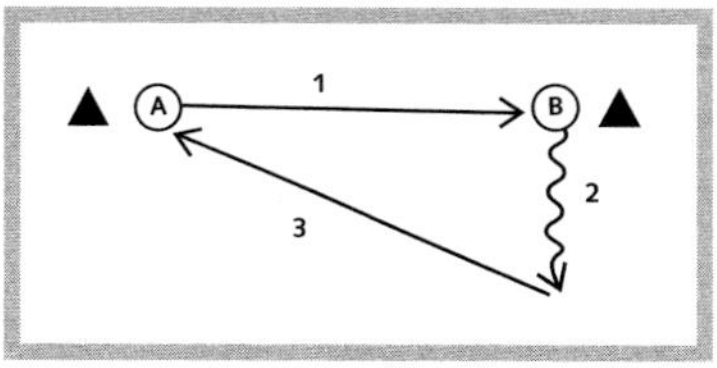

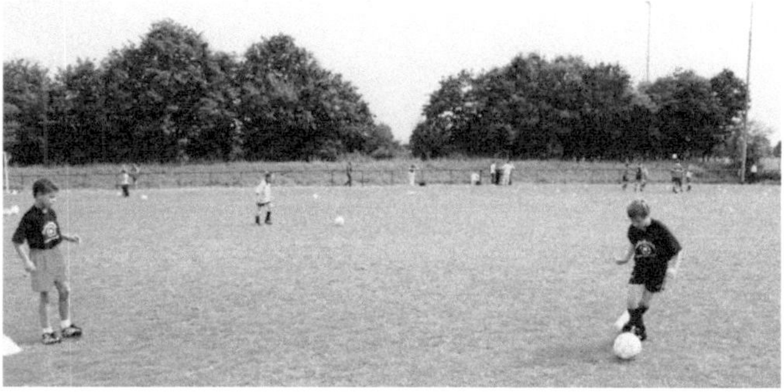

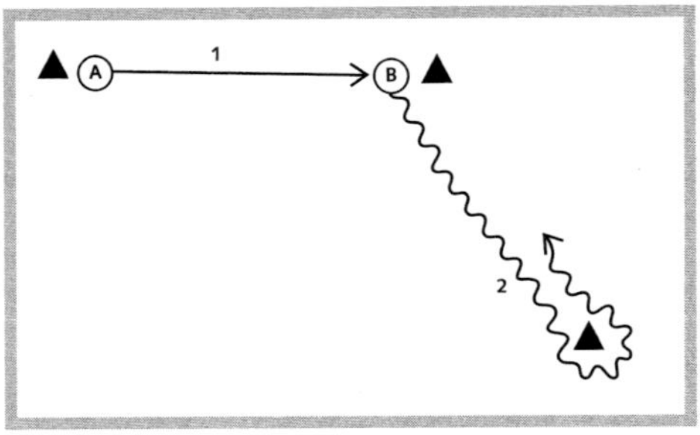

Ü3: Ball nach hinten mitnehmen

A nimmt den von B flach zugespielten Ball mit der **Innenseite nach hinten** an und mit.

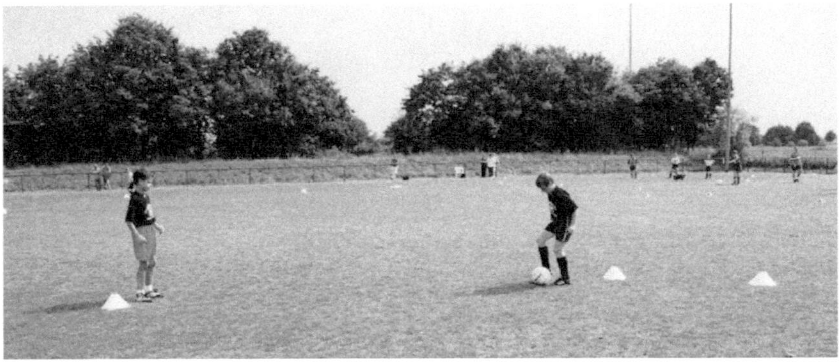

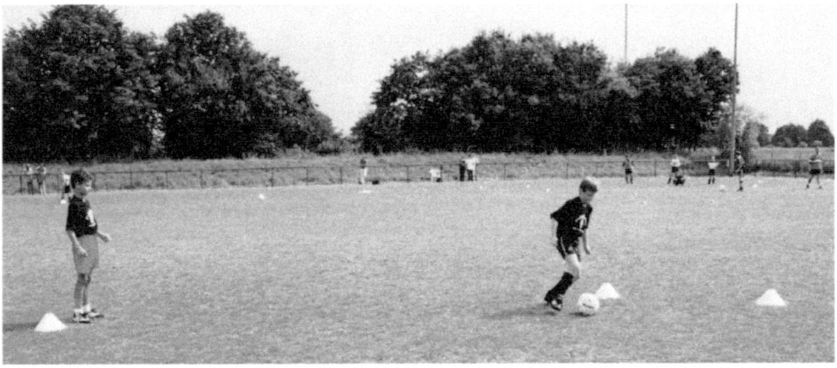

Ü4:

Die Spieler gehen/laufen dem Ball entgegen, bevor sie ihn nach vorne zur Seite oder nach hinten mitnehmen.

Ü5:

Die Spieler täuschen einen Sprint zur entgegengesetzten Seite an, bevor sie den Ball an- und mitnehmen.

Ü6: An- und Mitnahme in der Dreiergruppe

- Vier Hütchen sind so aufgebaut wie im Bild zu sehen.
- Die Zuspieler (A und B) befinden sich an den Außenhütchen.
- Der Spieler C erwartet am ersten Mittelhütchen den ersten Pass von A.
- Er nimmt den Ball mit der Innenseite an und mit und dribbelt bis zum zweiten Mittelhütchen.
- Dort passt er den Ball zu B, der ihn direkt zu C zurückspielt.
- Es folgt die nächste An- und Mitnahme usw.
- Nach 10 Aktionen wechseln die Spieler ihre Position.

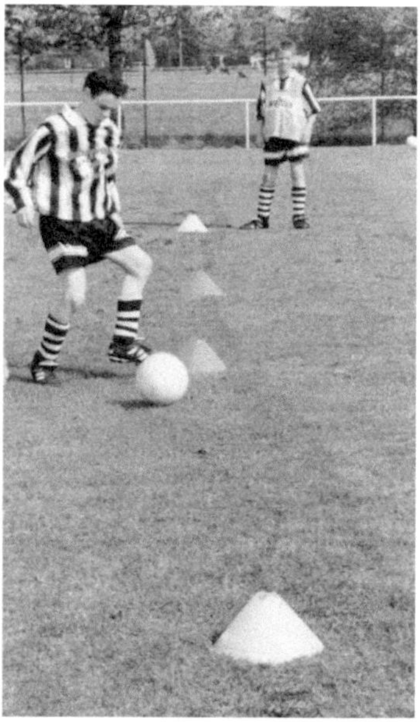

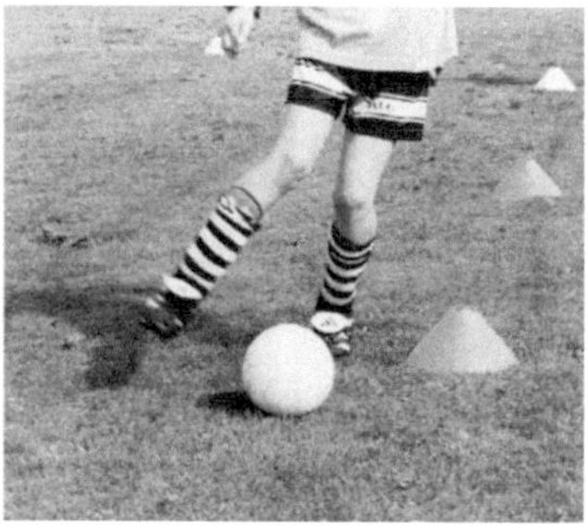

E) Schluss

Spiele auf ein Tor mit Torwart (vgl. Seite 64–66).

Trainingseinheit A 2: An- und Mitnahme mit der Außenseite

A) Einstimmen

Aufwärmspiele: A 8 – Inselsuche und/oder A 4 – Obstsalat

B) Aufwärmdrill

Die Spieler gehen zu Paaren zusammen und wiederholen die erste Übung der TE A 1.

C) Koordinationstraining

Lauf- und Sprungübungen im Reifen-Stangen-Dreieck (vgl. Seite 94/95)

D) Hauptteil: An- und Mitnahme flacher Bälle mit der Außenseite

Ü1: Ball mit der Außenseite zur Seite mitnehmen

- A und B stehen sich in 3–5 m Entfernung gegenüber.
- A nimmt den von B flach zugepassten rollenden Ball im Stand mit der **Außenseite** an und zur Seite (90 Grad) mit.
- Anschließend dribbelt er zurück, passt den Ball flach zu B, der ihn ebenfalls mit der Innenseite an- und mitnimmt.

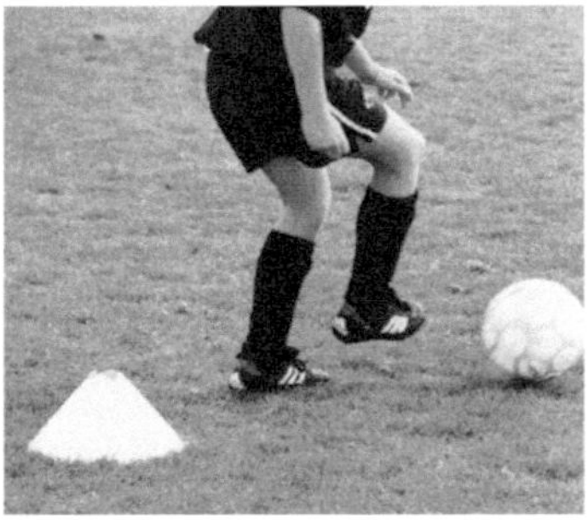

Anzahl: Jeweils 10 Wiederholungen mit dem rechten Fuß nach links und mit dem linken nach rechts.

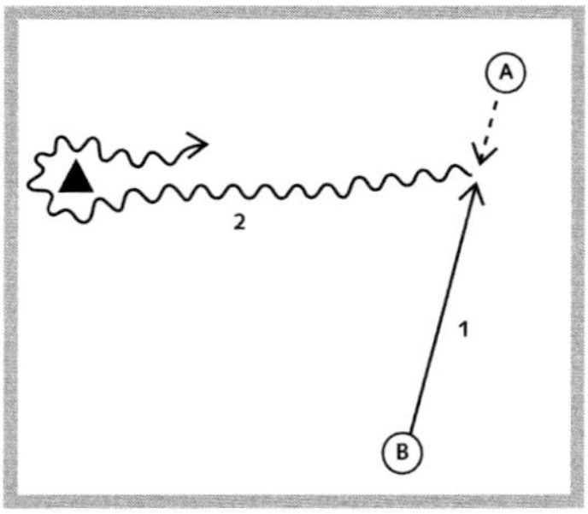

Ü2: Dem Ball entgegengehen / -laufen

- Die Spieler gehen / laufen dem Ball entgegen und nehmen ihn mit der Außenseite an und zur Seite mit.
- Sie dribbeln um das Hütchen und passen zum Partner.
- Nach 10 Aktionen wird jeweils gewechselt.

Ü3: Ball schräg nach hinten mitnehmen

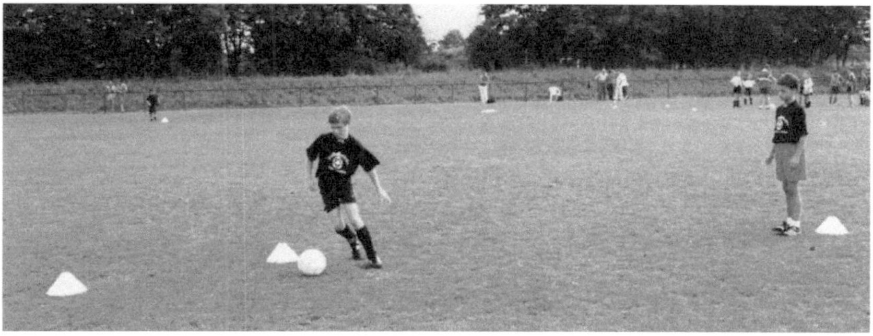

- A und B sind 5–7 Meter entfernt. B spielt zu A (1), der dem Ball entgegengeht/-läuft, kurz an- und nach hinten mitnimmt
- Anschließend umdribbelt er das hintere Hütchen (2), passt den Ball zu B zurück und läuft zu seinem Hütchen.
- Nach 10 Durchgängen wird gewechselt.

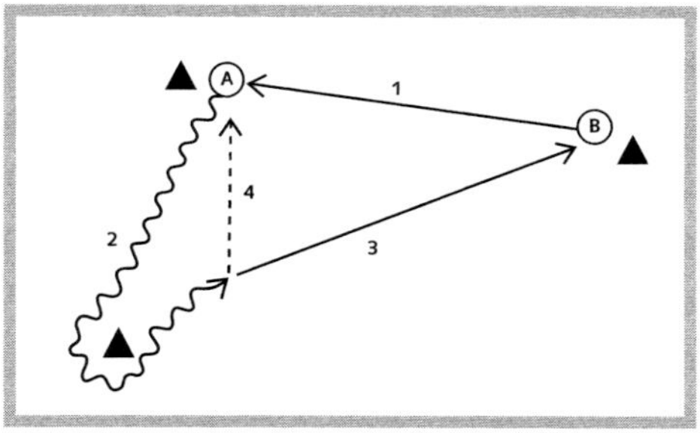

Ü4: An- und Mitnahme im Quadrat:

- A und B stehen sich 6–8 m voneinander entfernt gegenüber.
- Spieler A passt den Ball flach zu B, der dem Ball entgegenläuft und mit der Außenseite in den Lauf zur Seite an- und mitnimmt.
- Gleichzeitig verschiebt sich A ebenfalls zur gleichen Seite, so dass er sich wieder in frontaler Aufstellung zu B befindet.
- B passt nun den Ball zurück zu A usw.

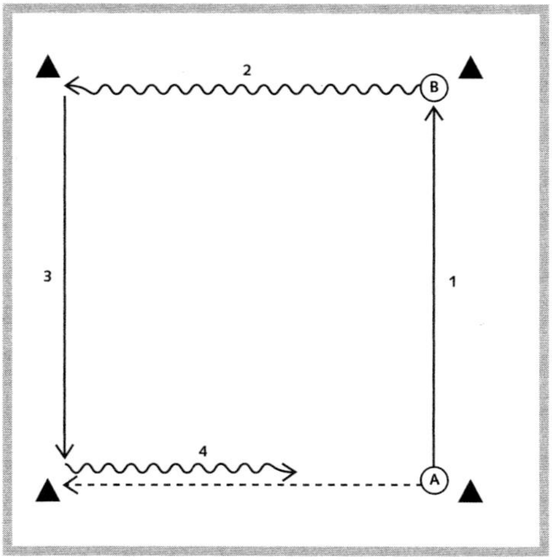

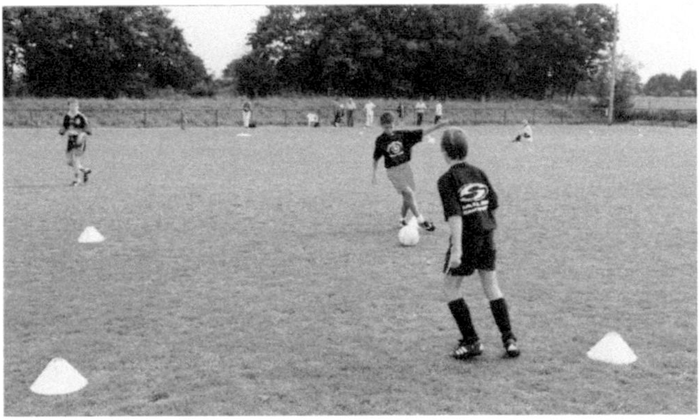

Ü5: An- und Mitnahme im Quadrat – Dreiergruppe:
(1) A passt zu B und sprintet seinem Ball hinterher.
(2) B nimmt den Ball an und mit auf das freie Hütchen zu.
(3) B passt zu C und sprintet seinem Ball hinterher.
(4) C nimmt den Ball an und mit.
(5) C passt den Ball zu A (usw.).

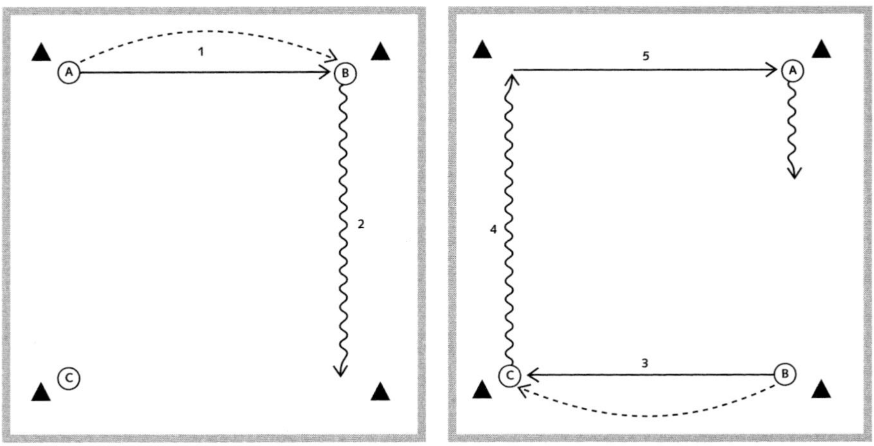

Wenn jeder Spieler zu seiner Startposition angekommen ist, wechseln die Spieler die Spielrichtung. A passt dann zuerst zu C usw.

E) Schluss

- Völker-Fußball (Spiel W 16)
- Spiel auf zwei Tore

Serie 3: Jonglieren

Gutes Ballgefühl und ausgezeichnete Koordination sind notwendig, damit ein Spieler den Ball ohne Bodenkontakt mit verschiedenen Körperteilen (Fuß, Oberschenkel, Kopf) in der Luft halten kann. Das Gefühl für den dosierten Krafteinsatz und den richtigen Zeitpunkt beim Hochspielen des Balls mit einer millimetergenauen Präzision erfordert sehr viel Übung.

Der Ball reagiert sofort auf kleinste Fehler (z. B. falscher Treff- oder Zeitpunkt, zu hoher Krafteinsatz) und wird für den Spieler unerreichbar.

Spielt ein Anfänger den Ball zu hoch, hat er große Probleme beim nächsten Ballkontakt, denn der Ball ist viel schwerer zu kontrollieren, da er mit großer Geschwindigkeit nach unten fällt.

Anfänger sollten schrittweise die grundlegenden Jongliertechniken erlernen. Sicherlich wird kein Anfänger im Vereinstraining zu einem perfekten «Rastelli» ausgebildet. Die Übungen bieten ihm jedoch eine sinnvolle Starthilfe zum selbständigen Üben.

Erst regelmäßiges Üben versetzt den Spieler in die Lage, den Ball kontrolliert mit unterschiedlichen Körperteilen in der Luft zu halten.

Warum ist Jonglieren für die Ausbildung der Fußballer so wichtig?

- Jonglieren fördert die Gewandtheit und die Geschicklichkeit im Umgang mit dem Ball.
- Es entwickelt ein Ballgefühl, das zu einer guten Balltechnik unbedingt notwendig ist.
- Der Spieler lernt, seine Bewegungen und die des Balls aufeinander abzustimmen.

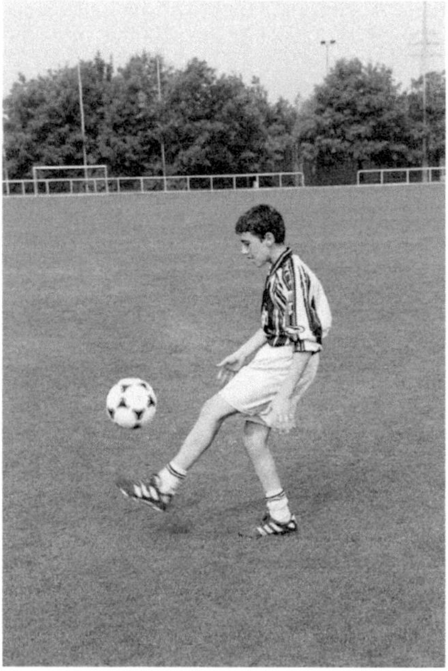

Methodische Hinweise:

- Jonglieren darf nicht zum Selbstzweck werden und sollte in den Ausbildungsprozess eines Fußballspielers eingebettet sein, denn reine Balljongleure sind im modernen Tempofußball ohne jede Chance.
- Jonglierformen können in Einzel-, Partner- und Gruppenübungen eingebunden werden.

- Zunächst stehen die grundlegenden Fertigkeiten durch das Einzelspiel im Vordergrund. Der Spieler muss genügend Möglichkeiten haben, sich intensiv mit dem Ball zu beschäftigen und ihn sowohl mit dem rechten und linken Fuß spielen zu können.
- Erst wenn eine gewisse Sicherheit in der Ballbehandlung erreicht ist, können Mitspieler hinzukommen.
- Allerdings empfiehlt es sich, die Spieler von Anfang an in einem abgegrenzten Raum zusammenzufassen. Auf diese Art lernen sie, nebeneinander spielend ihre Aufmerksamkeit und Orientierung gleichzeitig auf Ball, Ballweg, Raum und Mitspieler zu richten.

Ziele des Jongliertrainings:

- Jonglieren mit beiden Füßen
- Zusammenhängende Jonglieraktionen mit wenigen oder keinen Bodenkontakten.
- Förderung der Kreativität durch variablen Einsatz von Fuß, Oberschenkel, Brust und Kopf. In Einzelübungen sollten die Spieler die Anzahl ihrer Ballkontakte mit unterschiedlichen Körperteilen systematisch steigern.

Jonglieren stellt hohe Anforderungen an:

- Koordination
- spezielle Fußballtechniken (Hochspielen des Balles)
- Beweglichkeit
- Konzentration
- Gleichgewichtsgefühl (fester einbeiniger Stand)

Trainingseinheit J 1: Grundübungen

A) Einstimmen – Aufwärmen

Aufwärmspiele:

A 11 – Zipp-Zapp, Tücher ab und/oder A 16 – Toredribbling

B) Aufwärmdrill

Wiederholung der Techniken im 4-er-Zick-Zack

C) Koordinationstraining

Übungen im Reifenparcours mit Anschluss-Aktion (vgl. Seite 98/99)

D) Hauptteil: Jonglieren – Grundübungen

Mit diesen Vorübungen entwickeln die Spieler ein Gefühl für das Hochspielen des Balls mit vorgegebenen Körperteilen. Am einfachsten ist dies, wenn der Ball aus der Hand gespielt oder nur etwas angeworfen wird.

Einzelübungen

Ü1: Aus der Hand mit dem Oberschenkel

- Ball aus der Hand mit dem Oberschenkel nach oben spielen und wieder auffangen.
- Anzahl der Wiederholungen: 10 x rechts / 10 x links / 10 x im Wechsel
- Die Höhe ständig steigern.

Ü2: Hochwerfen – Oberschenkel

- Ball hochwerfen, mit dem Oberschenkel nach oben spielen und auffangen.
- Anzahl der Wiederholungen: 10 x rechts / 10 x links / 10 x im Wechsel

Ü3: Hochwerfen – Stirn

- Ball mit beiden Händen ca. 50 cm über Kopfhöhe in die Luft werfen.
- Den herunterfallenden Ball mit der Stirn nach oben spielen und auffangen (10 x).

Ü4: Aus der Hand mit dem Spann

- Ball aus den Händen fallen lassen oder leicht nach oben werfen.
- Ball mit dem Spann hochspielen, bevor er den Boden berührt, und auffangen.
- Anzahl der Wiederholungen: 10 x rechts / 10 x links / 10 x im Wechsel

Ü5: Mit dem Spann nach Bodenkontakt

- Ball senkrecht nach oben hochwerfen, auf dem Boden (ebener, fester Untergrund) aufspringen lassen und fangen.
- Ball hochwerfen, auf den Boden aufspringen lassen, mit dem Spann hochspielen und anschließend fangen.
- Ball nach jedem Bodenkontakt so lange wie möglich mit dem Spann hochspielen.

E) Schluss:

- Fußball-Rundlauf (Spiel W 05)
- Zum Abschluss organisiert der Trainer ein freies Spiel mit zwei Mannschaften.

Trainingseinheit J 2: Einzelübungen für Fortgeschrittene

A) Einstimmen

Aufwärmspiele:

A 13 – 100-Punkte-Dribbling und/oder A 7 – Zahlendribbling

B) Aufwärmdrill: Jonglieren mit Bodenkontakt

- Die Spieler erhalten Gelegenheit, im abgesteckten Feld zu jonglieren. Zwischen jedem Kontakt springt der Ball auf den Boden.
- Der Trainer schaut, wie sicher die Spieler den Ball in der Luft halten können, und hilft den Spielern, die noch große Probleme haben, den Ball gezielt (Ballhöhe, Richtung) in die Luft zu spielen.
- Fortgeschrittene Spieler probieren weitere Jonglier-Techniken aus.

C) Koordinationstraining

Übungen im Stangenparcours mit Wandspiel (vgl. Seite 98/99)

D) Hauptteil: Einzelübungen für Fortgeschrittene

Ü1: Kombinationen mit Fangen

- Der Spieler verbindet die Kontakte mit Oberschenkel, Kopf und Fuß in einem vorgegebenen Zweier-Rhythmus und fängt anschließend den Ball:
  - ‹Fuß – Kopf› oder ‹Fuß – Oberschenkel›
  - ‹Oberschenkel – Kopf› oder ‹Oberschenkel – Fuß›
  - ‹Kopf – Oberschenkel› oder ‹Kopf – Fuß›
- Der Spieler spielt den Ball im Wechsel mit Oberschenkel, Kopf und Fuß in einem vorgegebenen Dreier-Rhythmus:
  - ‹Fuß – Oberschenkel – Kopf›

Ü2: Jonglieren mit Bodenkontakt in der Vorwärtsbewegung

- Ball mit dem Spann in der Vorwärtsbewegung hochspielen.
- Der Ball springt nach jedem Kontakt einmal auf dem Boden auf.

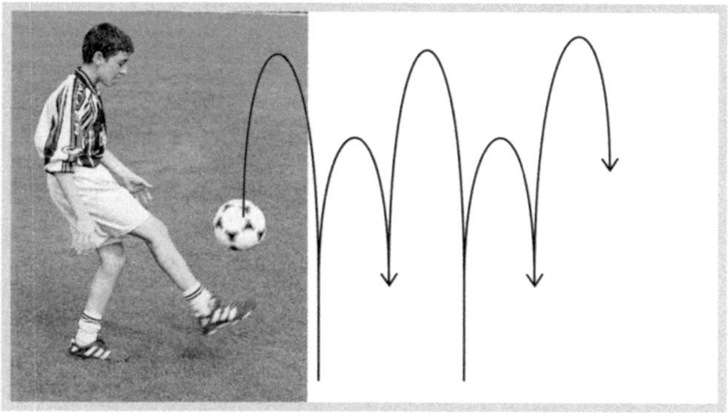

Ü3: Jonglieren ohne Bodenkontakt

Der Spieler jongliert den Ball mit dem Spann, dem Kopf, der Brust oder dem Oberschenkel so häufig, wie er kann:

- mit dem Spann (nur rechts/nur links/im Wechsel)
- mit dem Oberschenkel (nur rechts/nur links/im Wechsel)
- mit dem Kopf
- freies Jonglieren mit Spann, Oberschenkel und Kopf
- festgelegte Kombinationen aus Spann, Oberschenkel und Kopf
  - ‹Spann-Oberschenkel›
  - ‹Spann-Kopf›
  - ‹Spann-Oberschenkel-Kopf›

Fällt der Ball auf den Boden, so hebt er ihn mit dem Fuß auf.

Die Sohle zieht den Ball nach hinten und gibt dem Ball den Schwung, den er braucht, um auf den Spann oder die Fußspitze zu rollen. In einer flüssigen Bewegung zieht der Spieler den Ball nach oben und beginnt mit dem Jonglieren.

E) Schluss: Turnier Fußball-Tennis ohne Netz – eins gegen eins

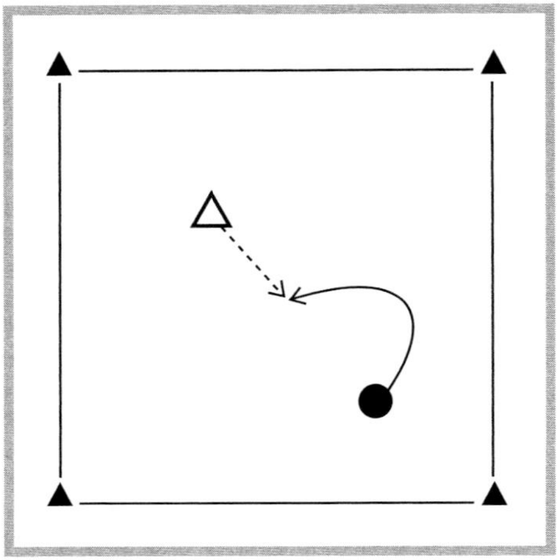

Mit diesem Spiel verbessern die Spieler die gelernten Jonglier-Techniken in einem kleinen Wettkampf. Dies fördert nicht nur die Konzentration, sondern macht auch viel Spaß (vgl. Spiel W 6, Seite 54–56).

- mit Bodenkontakt
- ohne Bodenkontakt

Trainingseinheit J 3: Partner- und Gruppenübungen

Einleitung:

Schwerpunkt der dritten Trainingseinheit zum Fußball-Jonglieren sind Partner- bzw. Gruppenübungen. Es ist es sinnvoll, das gefühlvolle und kontrollierte Hochspielen des Balls auch in eine Partner- und Gruppensituation einzubinden, um den Lernprozess ständig in Gang zu halten. Dies bringt die notwendige Abwechslung und somit Motivation und Konzentration auf den «Kampf gegen die Schwerkraft». Grundvoraussetzung für Gruppen- und Partnerübungen sind elementare Jonglierfähigkeiten, die durch das Einzelspiel erworben werden.

A) Einstimmen:

Spiel Dribbler gegen Jongleure (Spiel W 7, Seite 56–58)

B) Aufwärmdrill

Wiederholung der Jongliertechniken ohne Bodenkontakt

Der Trainer geht herum und gibt Tipps.

C) Koordinationstraining

Übungen im Stangen-Reifen-Parcours mit Kopfball als Anschlussaktion

D) Hauptteil: Partner- und Gruppenübungen

Ü1: Zuspiel aus der Hand

- Zwei Spieler stehen sich im Abstand von 3–5 m gegenüber und spielen sich den Ball mit dem Spann hin und her.
- Die Ballannahme erfolgt mit dem Oberschenkel, der Brust oder mit dem Kopf.
- Anschließend nimmt der Spieler den Ball in die Hand und spielt ihn mit dem Spann zurück zum Partner.

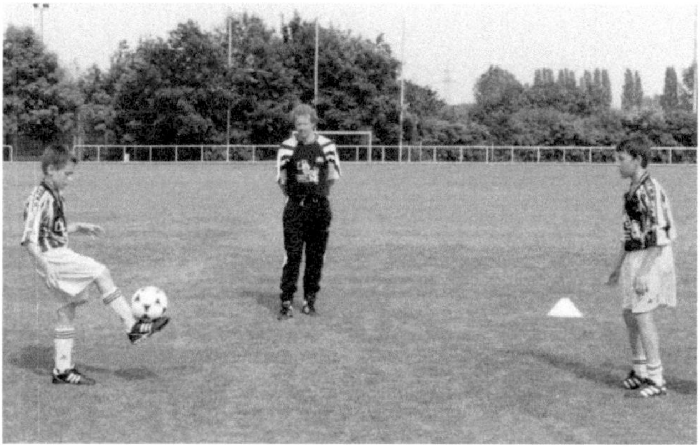

Ü2: Zuspiel ohne Fangen

- Die Spieler spielen sich den Ball mit dem Spann hin und her.
- Die Ballannahme erfolgt mit dem Oberschenkel oder der Brust.
- Sie versuchen den Ball weiterzuleiten, ohne ihn mit der Hand festzuhalten.
- Unbedingt eine frontale Position zum Partner einhalten.

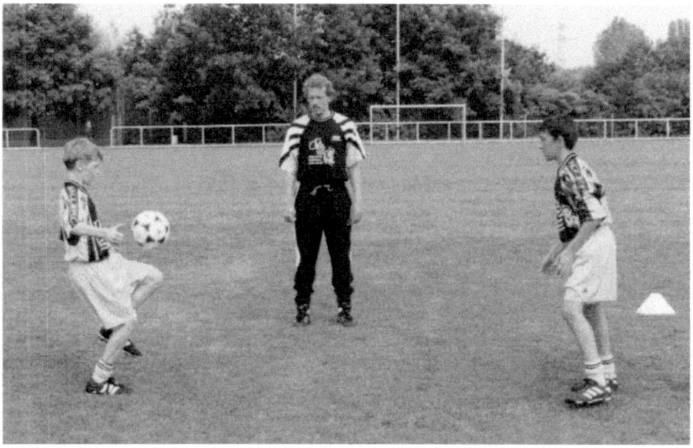

- **Variation:** Bevor der Spieler den Ball zum Partner zurückspielt, jongliert er einige Male mit Fuß, Oberschenkel und Kopf.

Ü3: Jonglieren in der Gruppe:

- Der erste Spieler schießt mit dem Spann zum ersten Spieler der gegenüberliegenden Seite, läuft seinem Ball hinterher und stellt sich bei der gegenüberliegenden Gruppe an.
- Der nächste Spieler nimmt den Ball kurz an und spielt ihn evtl. nach 2–3 Jonglierkontakten zur anderen Seite zurück.

Hinweis:

- Bei der Annahme des Balls und beim Jonglieren den Körper hinter den Ball bringen.

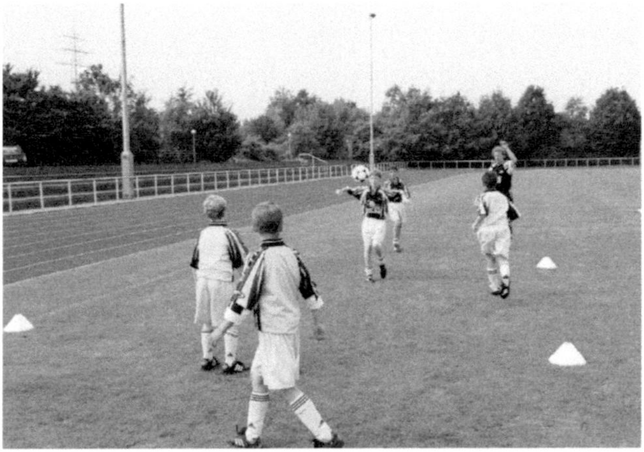

Ü4: Jonglieren im Kreis
- Ein Spieler befindet sich in der Mitte.
- Jeder Ball wird von den Außenspielern zurück zum Mittelspieler gespielt.

Stufe 1: Der Mittelspieler wirft den Ball, seine Mitspieler nehmen ihn kurz an (evtl. jonglieren sie ihn 2–3mal) und spielen ihn zurück zum Mittelspieler.

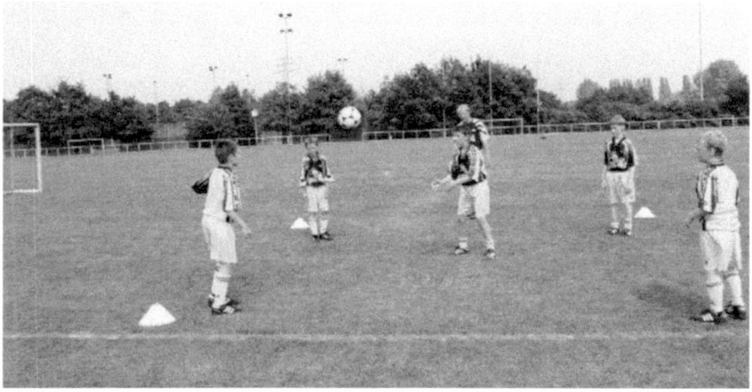

Stufe 2: Der Mittelspieler nimmt den Ball nicht mehr in die Hand, sondern nimmt ihn mit Brust, Oberschenkel, Fuß oder Kopf an und spielt ihn mit dem Fuß zu den Außenspielern.

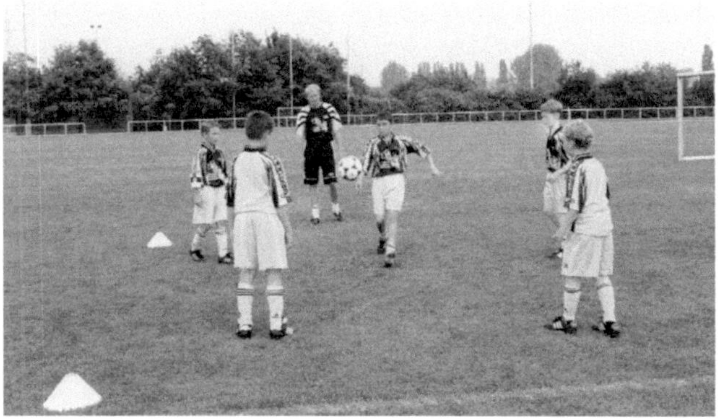

E) Schluss:
- Turnier Fußballtennis ohne Netz – 2 gegen 2 (vgl. Spiel W 6, Seite 54–56)
- Turnier 4 gegen 4

Die Mannschaften werden aus den 8 Paaren nach den Ergebnissen im Fußball-Tennisturnier (16 Spieler) gebildet (1. + 8. / 2. + 7. / 3. + 6. / 4. + 5.).

Serie 4: Passen – Doppelpass

Die beiden ersten TE (P 1 und P 2) beschäftigen sich mit den Grundlagen des Pass-Spiels, während sich die TE P 3 – P 5 gezielt auf die Vermittlung des Doppelpass-Spiels konzentrieren.

Trainingseinheit P 1: Frontales Passen

A) Einstimmen:

Aufwärmspiele: A 14 – Aufwärmkontakt und / oder A 2 – Pest in Venedig

B) Aufwärmdrill

Wiederholung der Übungen im Kamm (vgl. Seite 119)

C) Koordinationstraining

Übungen zum fußballspezifischen Koordinationstraining mit Mittelaktion (vgl. Seite 99 / 100)

D) Hauptteil: Frontales Passen

Ü1: Zuspiel im Stand in der Zweiergruppe:

Übungsbeschreibung:

- Die Spieler stehen sich in 5 bis 10 m Entfernung gegenüber.
- In der Mitte zwischen beiden ist ein 1 m bis 2 m breites Tor
- A spielt den ruhenden Ball aus dem Stand mit der Innenseite (Fußspitze weit nach außen drehen) durch das Tor zu B.
- B nimmt den Ball mit der Innenseite an und passt ihn durch das Tor zurück zu A.

Hinweise:

- Spieler schauen sich vor dem Zuspiel an.
- Die Torbreite verringern, wenn die Spieler genau passen können.
- Die Zuspielgeschwindigkeit steigern.
- Abstand der Spieler vergrößern.
- Passen mit links und rechts üben!

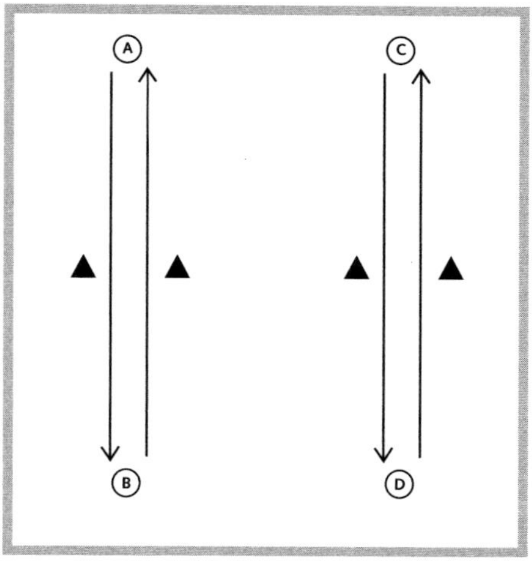

Ü2: Dem Pass entgegenlaufen

Vor dem Zuspiel gehen/laufen die Spieler dem Ball kurz einige Schritte entgegen. Der Abstand zwischen den beiden Spielern sollte stetig vergrößert werden.

Ü3: Abstände variieren

Die Spieler spielen sich den Ball mit der Innenseite in der Bewegung zu und verändern die Entfernung wie eine Ziehharmonika von 2–3 m zu 10–12 m.

Ü4: Passen zum festen Zuspieler

Der Zuspieler (X) passt zum ersten Spieler der Reihe, der den Ball sofort zurück zu (X) spielt und sich hinten anstellt.

Anmerkung: Diese Trainingsform eignet sich auch sehr gut zu einem Staffelwettbewerb. Wer spielt den Ball in 1 Minute am häufigsten hin und her?

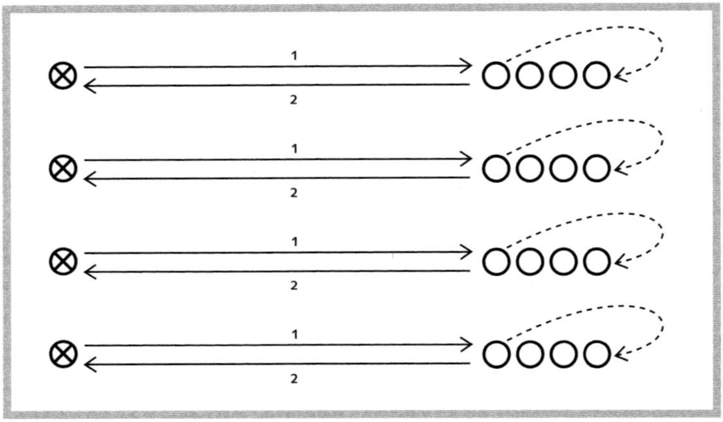

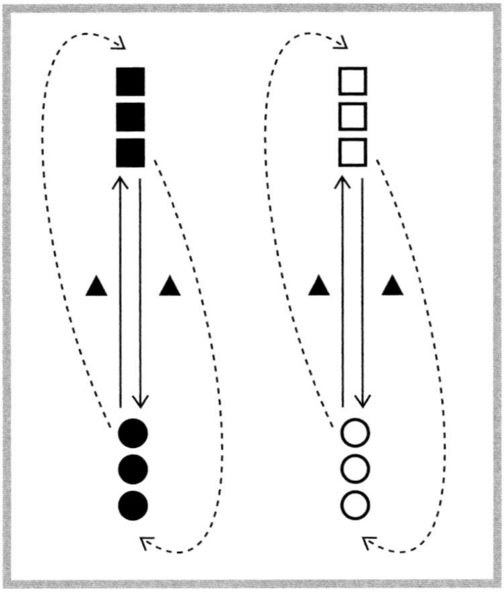

Ü5: Endlosübung mit 5 bis 7 Spielern

Die Spieler passen den Ball nach einer kurzen Ballannahme oder direkt durch das Hütchentor und stellen sich bei der anderen Gruppe an.

E) Schluss:

- Dribbling gegen Technik (Pass-Spiel) – W 8
- Spiel auf zwei Tore, zwei (drei) Kontakte sind erlaubt. Damit schaltet man das Dribbeln aus und fördert das Pass-Spiel.

Trainingseinheit P 2: Passen zur Seite

A) Einstimmen:

Aufwärmspiele: A 4 – Obstsalat und/oder A 10 – Schütz deinen Ball

B) Aufwärmdrill

Die Spieler passen den Ball durch die Tore, umlaufen das Hütchen und stellen sich auf der anderen Seite an.

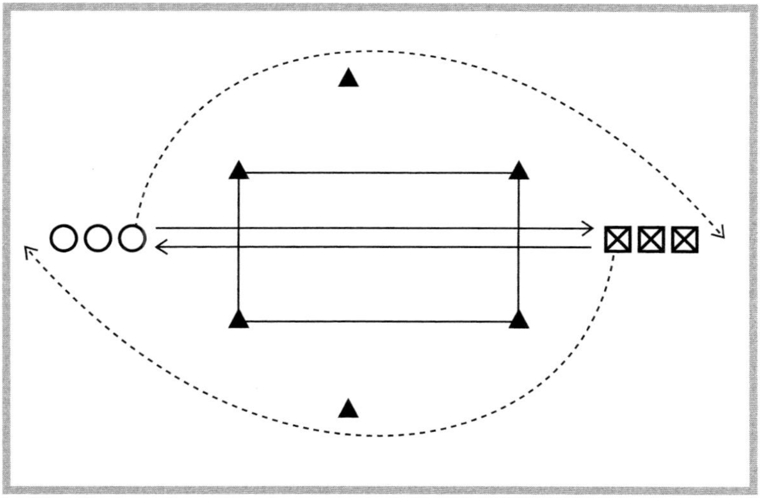

C) Koordinationstraining

Übungen zum fußballspezifischen Koordinationstraining – dosiertes Pass-Spiel (vgl. Seite 100)

D) Hauptteil: Passen zur Seite

Ü1: Passen im Dreieck

Die Spieler passen den Ball mit der Innenseite im Uhrzeigersinn zum nächsten Spieler im Dreieck. Anschließend laufen sie ihrem Ball hinterher und stellen sich an.

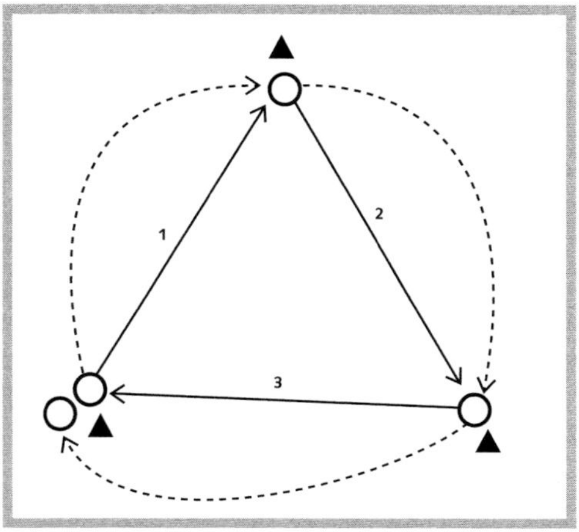

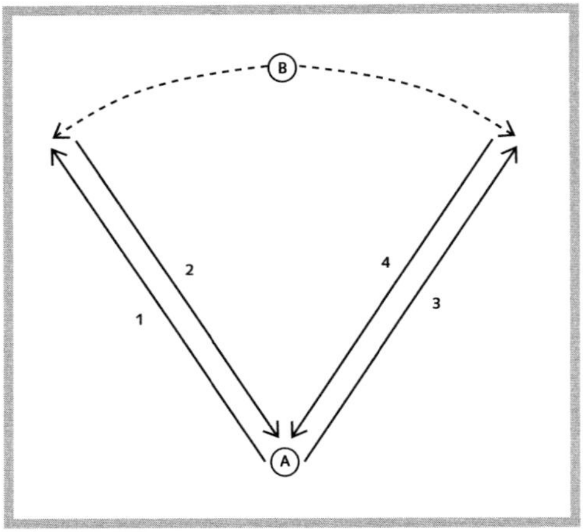

Ü2: Zuspiel aus der Drehung – 1 Ball

- A spielt den Ball flach mit der Innenseite abwechselnd nach rechts und links.
- B läuft seitlich zum Ball und spielt ihn mit rechts und links im Wechsel zurück.

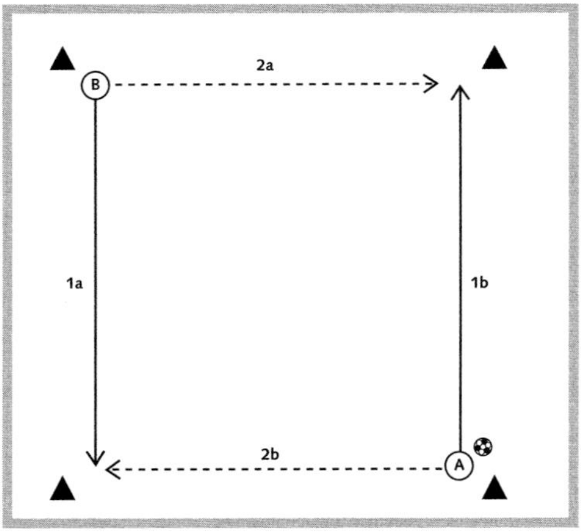

Ü3: Zuspiel aus der Drehung – 2 Bälle

- A und B stehen sich diagonal versetzt gegenüber.
- Sie spielen den Ball gleichzeitig in einem Quadrat und laufen zum Ball, den der Partner zugespielt hat.
- Anschließend spielen sie den Ball wieder gleichzeitig zurück.

Hinweis: Vor dem Abspiel Blickkontakt aufnehmen.

Ü4: Spiel aus der Drehung – im Lauf

- Die Spieler laufen im Abstand von 4–6 m nach vorne.
- Sie spielen sich gegenseitig den Ball flach mit der Innenseite in den Lauf.

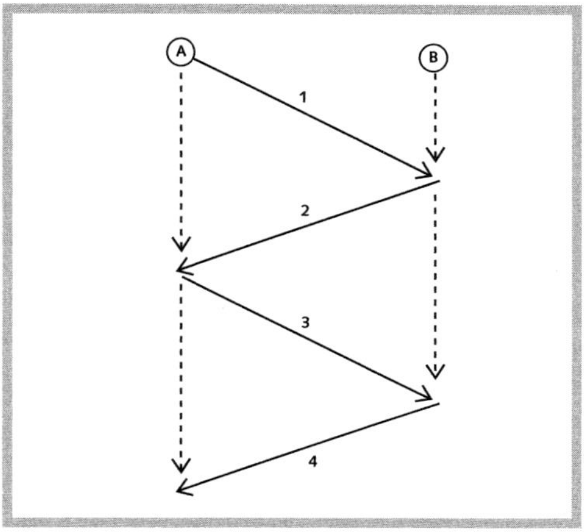

Ü5: Kurz-kurz-lang (1 Ball)

Der Mittelspieler C sprintet zwischen zwei Hütchen und spielt jeweils kurze Bälle.

(1) A spielt in den Lauf von C.
(2) C spielt direkt zurück zu A.
(3) A spielt lang zur anderen Seite zu B.
(4) B spielt kurz zum heransprintenden C.
(5) C spielt direkt zurück zu B und wechselt erneut die Seite.

Nach dem langen Pass von B zu A beginnt die Übung neu.

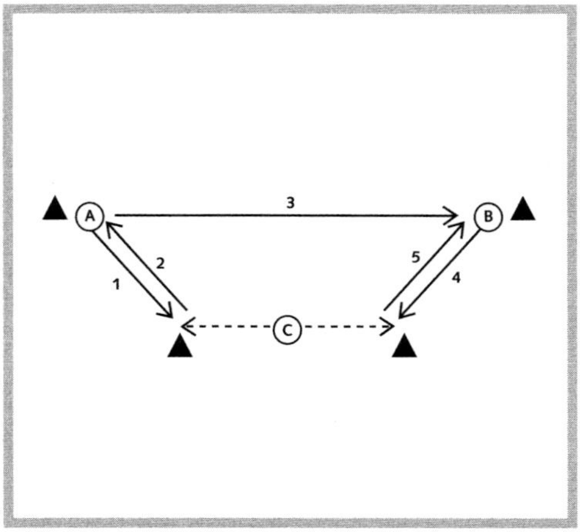

E) Schluss

- Flachball (Spiel W 9)
- Spiel 4 gegen 4 im Quadrat mit 2 neutralen Spielern an den Seitenlinien.

Trainingseinheit P 3: Grundlagen Doppelpass

Vorbemerkungen zum Training des Doppelpass-Spiels

Definition: Doppelpass
Man spricht von einem Doppelpass, wenn ein Gegner durch zwei Pässe ausgespielt wird. Dabei lässt der Wandspieler den Ball direkt in den Lauf des Zuspielers, der nach dem Pass zum Wandspieler am Gegner vorbeispurtet, zurückprallen. Dieser kann den Ball dann ohne Einwirkung des Gegners im Tempo an- und mitnehmen.

Beide Pässe sollten so gespielt werden, dass ein Eingreifen des Gegners unmöglich ist. Nach dem Zuspiel zum Wandspieler sollte der Zuspieler in den freien Raum hinter den Gegner sprinten.

Voraussetzung für den Erfolg des Doppelpasses sind insbesondere:
- präzises Pass-Spiel (Zuspiel, Wandspiel)
- korrektes Timing

Zuspieltechnik beim Doppelpass:
- Pass mit der Innenseite,
- dem Innenspann
- dem Außenspann.

Die Grundlage für ein technisch sicheres Doppelpass-Spiel bildet das Zuspiel mit der Innenseite, das den genauen Kurzpass in den Fuß des Mitspielers ermöglicht. Technisch anspruchsvoller und risikoreicher sind das für die gegnerische Abwehr nicht voraussehbare ‹verdeckte› Zuspiel zum Wandspieler mit dem Außenspann und der Rückpass des Wandspielers mit dem Innen- und Außenspann in den Lauf des Zuspielers.

In der ersten TE zum Doppelpass üben die Spieler das präzise Pass-Spiel in verschiedenen Trainingsformen. Der Trainer schafft damit die Grundlage für ein sicheres Zusammenspiel, das wichtig für den Doppelpass ist.

A) Einstimmen:

Aufwärmspiele: A 1 – Kommando Dribbling und/oder A 12 – Sechs-Tage-Rennen

B) Aufwärmdrill: Pass-Spiel in der Vierergruppe üben

Ein erfolgreicher Doppelpass im Wettkampf setzt voraus, dass Zu- und Wandspieler den Ball präzise in der Bewegung passen können. Sie bilden Vierergruppen (Fünfer-) mit jeweils einem Ball.

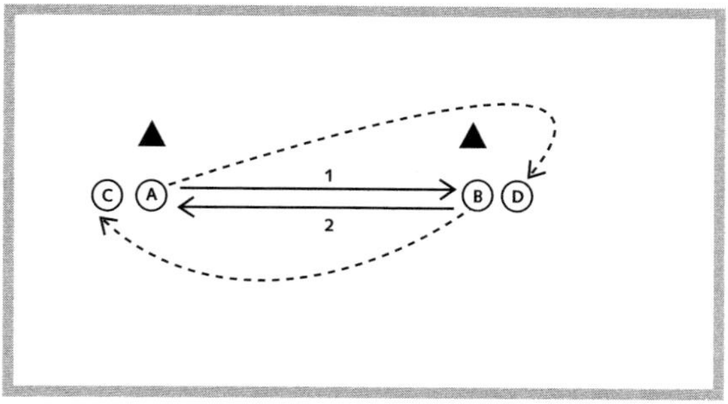

(1) A spielt den Ball zu B und läuft sofort zur anderen Seite.
(2) B spielt den Ball direkt zu C und wechselt ebenfalls die Seite.
Es folgt eine Endlos-Passfolge, bis der Trainer diesen Drill beendet (ca. 5 Min.).

C) Koordinationstraining

Koordinatives Techniktraining – Übungen mit Anschluss-Aktion (vgl. Seite 98/99)

D) Hauptteil: Verbesserung des Pass-Spiels

Übung 1:

(1) A spielt den ruhenden Ball mit der Innenseite flach zu B. (Abstand 5–8 m)
(2) B geht/läuft vom Hütchen aus dem anrollenden Ball entgegen und spielt ihn direkt mit der Innenseite flach zurück zu A.
(3) B sprintet um sein Hütchen und erwartet den nächsten Pass von A.

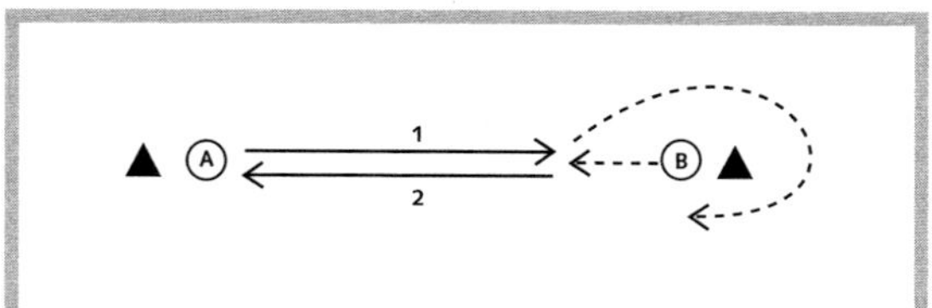

Pass-Spiel in der Zweiergruppe – ein Spieler läuft entgegen

Übung 2:

Zwei Markierungskegel sind ca. 10–15 m voneinander entfernt aufgestellt.

Die Spieler A und B stehen jeweils vor einem Markierungskegel.

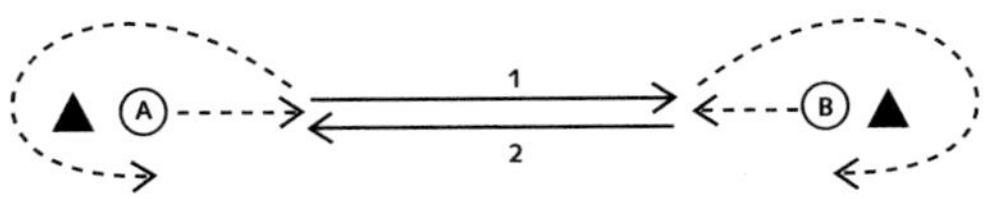

Beide Spieler laufen dem Ball entgegen

(1) A spielt zu B, der dem Ball entgegenläuft.
(2) B passt den Ball direkt zu A zurück und sprintet um sein Hütchen.
(3) A läuft dem Ball ebenfalls entgegen, spielt ihn direkt zurück zu B und sprintet um sein Hütchen.

Spielform A: Wettkampf – Wandspiel

Aufstellungsform:

Auf einem Kreisbogen mit einem Durchmesser von etwa 20–30 m ist für jedes Paar ein Tor (Markierungskegel oder Fahnenstangen) aufgestellt, das 1,5–2 m breit ist. In jedem Tor steht ein Spieler der Gruppe A. Die Spieler der Gruppe B befinden sich mit einem Ball in der Mitte.

Stufe 1:

- Die Spieler der Gruppe B führen jeweils innerhalb des Kreises ihren Ball, während die Spieler der Gruppe A als Wandspieler fungieren.
- Die Spieler im Kreis dribbeln beliebig auf ein Tor zu und passen den Ball aus der Bewegung zu dem im Tor stehenden Spieler, der ein Wandspiel durchführt und den Ball direkt in den Lauf des Zuspielers abprallen lässt. Anschließend nehmen sie den Ball an und dribbeln zum nächsten freien Tor.
- Jedes Wandspiel ergibt einen Punkt für den Zuspieler.

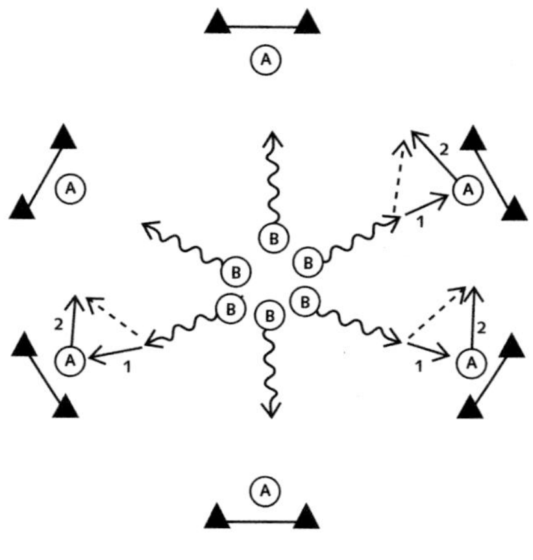

Wandspiel festigen

Anmerkung:

Der Trainer sollte darauf achten, dass die Zuspieler:

- vor dem Pass zum Wandspieler Blickkontakt zu ihm aufnehmen
- den Ball flach, hart und genau in den Fuß des Wandspielers passen
- sich sofort nach dem Pass seitlich freilaufen.

Die Wandspieler sollten den Ball präzise in den Lauf des Zuspielers zurückspielen.

Übungsschwerpunkte

- das direkte Pass-Spiel zwischen Zuspieler und Wandspieler festigen
- das Zuspiel- und Freilaufverhalten des Zuspielers festigen
- das Freilauf- und Abspielverhalten des Wandspielers festigen
- das Timing der Aktionen von Zuspieler und Wandspieler verbessern
- Wandspiele durchführen

Wertungsmöglichkeiten:

- Welcher Zuspieler erzielt in einer festgelegten Zeit die meisten Punkte?
- Welcher Zuspieler erreicht eine festgelegte Punktzahl in der kürzesten Zeit?

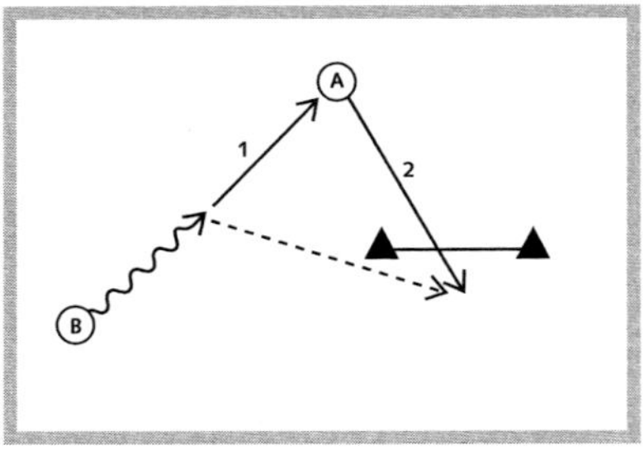

Stufe 2:

- Der Wandspieler befindet sich 1–2m hinter dem Tor.
- Der Zuspieler passt den Ball seitlich am Tor vorbei
- Der Wandspieler passt ihn durch das Tor zurück.

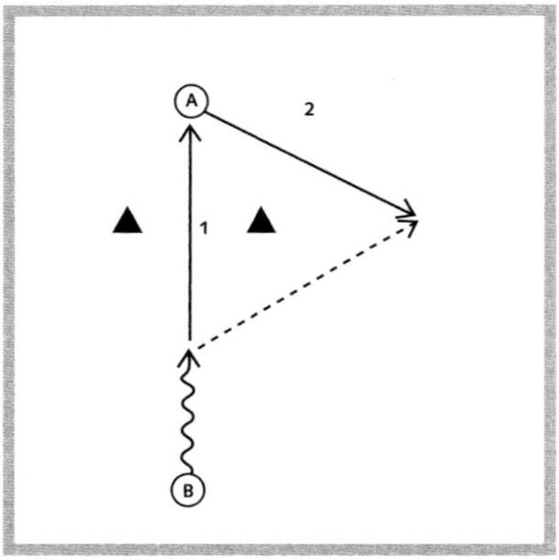

Stufe 3:

- Der Wandspieler befindet sich 1–2m hinter dem Tor.
- Der Zuspieler passt den Ball durch das Tor.
- Der Wandspieler spielt ihn seitlich am Tor vorbei zurück zum Zuspieler

E) Ausklang / Abschluss

- Spiel auf zwei Tore (Zusatzregel: Tore nach einem Doppelpass zählen doppelt).

Trainingseinheit P 4: Endlosformen mit Wandspiel

A) Einstimmen:

Aufwärmspiele: A 5 – Schattendribbling und/oder A 15 – Überraschungsfangen

B) Aufwärmdrill: Pass-Spiel im Dreieck üben

An jedem Hütchen eines Dreiecks (Entfernung: 6–10m) befinden sich 2 Spieler. A hat einen Ball, passt ihn zu B und sprintet seinem Ball hinterher und stellt sich hinter B an. B passt direkt zu C und stellt sich hinter C an.

C passt direkt zu A usw.
Mindest-Spielerzahl: 4 (An der Startposition befinden sich 2 Spieler und an den übrigen Hütchen jeweils ein Spieler.)

Variation für Fortgeschrittene:
Lauf in die Gegenrichtung: Nach rechts spielen und nach links laufen.

- A spielt zu B und stellt sich hinter C an.
- B spielt zu C und stellt sich hinter A an.
- C spielt zu A und stellt sich hinter B.

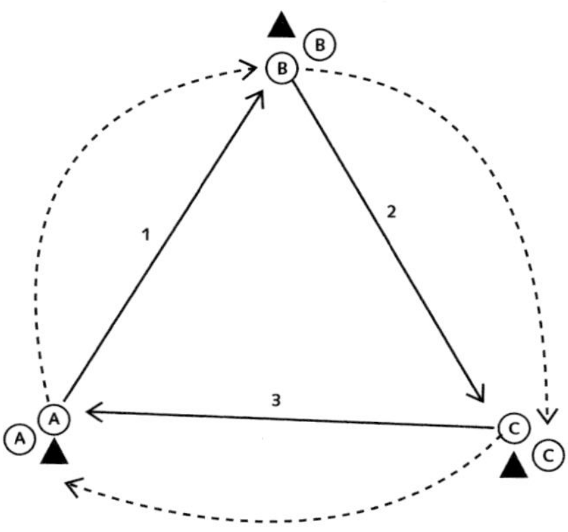

Pass-Spiel im Dreieck

C) Koordinationstraining

Übungen mit der Koordinationsleiter Teil 1

D) Hauptteil: Festigung des Wandspiels

Endlosform A: Zwei feste Wandspieler (Großgruppe)
An zwei Hütchen befindet sich jeweils die Hälfte der Spieler mit Ball. Der Abstand der Hütchen (15–25 m) richtet sich nach der Gruppenstärke. In der Mitte stehen zwei feste Wandspieler. Auf Zeichen des Trainers startet der erste Spieler jeder

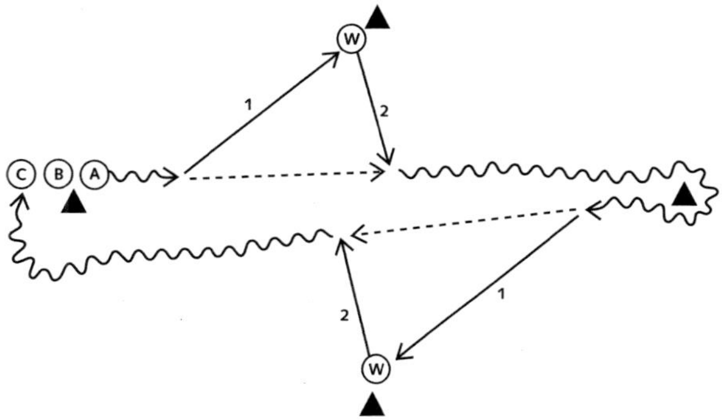

Zwei feste Wandspieler (Großgruppe)

Gruppe mit einem kurzen Dribbling und anschließendem Wandspiel. Nach der Ballan- und -mitnahme stellen sich beide Spieler bei der gegenüberliegenden Gruppe an.

Nach einer Minute werden die Wandspieler ausgetauscht, damit jeder Spieler das Zuspiel aus der Bewegung üben kann.

Variation: Schwerpunkt Wandspieler

Damit der Wandspieler unter Zeitdruck beim Wandspiel kommt, werden zwei Hütchen im Abstand von 1 m aufgebaut. Nach dem Wandspiel am ersten Hütchen startet der Wandspieler nach hinten um das zweite Hütchen. Das nächste Zuspiel erfolgt, kurz bevor er das erste Hütchen erreicht hat.

Nach 10 Pässen sollte der Wandspieler ausgetauscht werden.

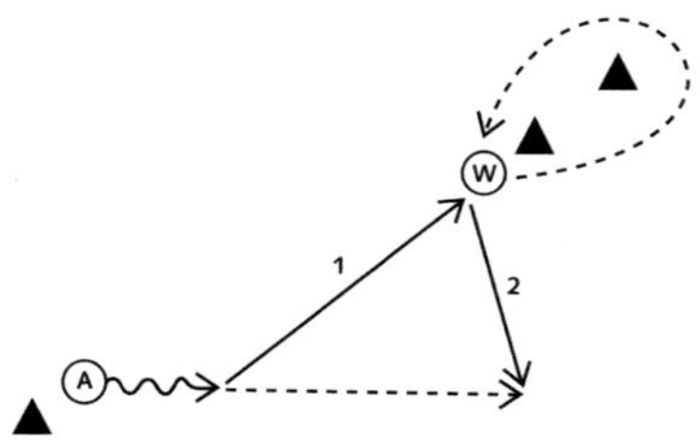

Wandspieler läuft nach dem Wandspiel um das hintere Hütchen

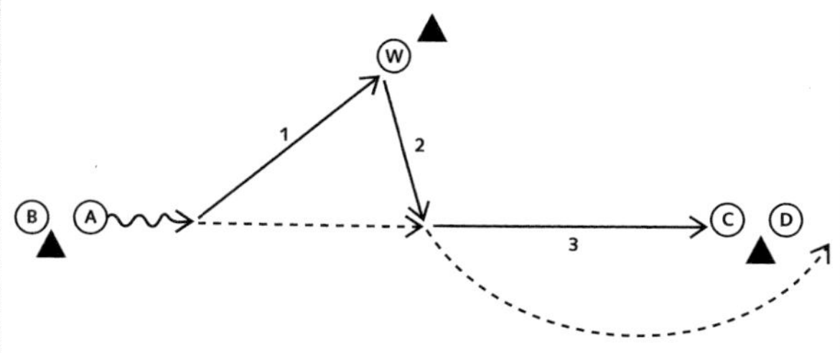

Ein fester Wandspieler

Endlosform B: Ein fester Wandspieler (Kleingruppen)

Der Trainer teilt Gruppen mit 5 bis 6 Spielern ein. An den Hütchen (Abstand ca. 15 m) stehen 2–3 Spieler, in der Mitte befindet sich der Wandspieler.

(1) A passt diagonal zum Wandspieler, der ihn direkt zu A in den Lauf passt.
(2) A spielt den Ball direkt weiter zu C.
(3) Nach einem kurzen Dribbling (oder direkt!) folgt das nächste Wandspiel (C mit dem Wandspieler).

Variation: Schwerpunkt Wandspieler

- Der Wandspieler sprintet um das zweite Hütchen, bevor er den nächsten Pass spielt.
- Ein Gegenspieler stört den Wandspieler während des Direktspiels, ohne ernsthaft einzugreifen. Der Wandspieler kommt dadurch unter Gegnerdruck und muss den Ball abschirmen.

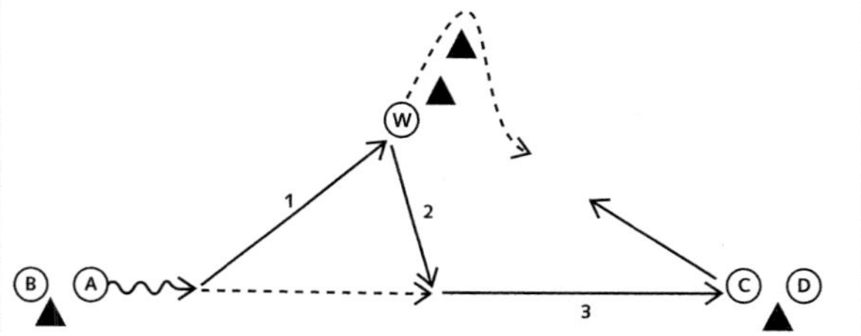

Wandspieler läuft um zweites Hütchen

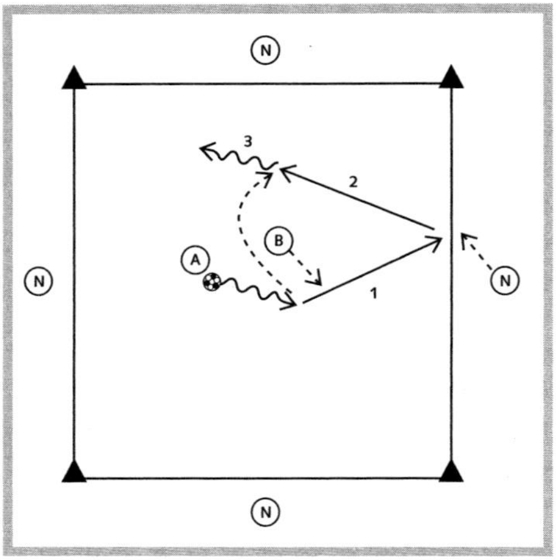

Spiel 1 gegen 1 + 4 neutrale Wandspieler
Zwei Spieler befinden sich im Quadrat und spielen 1 gegen 1. Vier neutrale Spieler bieten sich als Wandspieler an. Es ergeben sich zahlreiche Doppelpass-Situationen. Die Spielzeit sollte höchstens 1 Minute sein, denn diese Spielform ist sehr anstrengend.

E) Ausklang / Abschluss

- Spiel auf zwei Tore (Zusatzregel: Tore nach einem Doppelpass zählen doppelt)

Trainingseinheit P 5: Wettkampfgemäßes Doppelpass-Verhalten

A) Einstimmen:

Aufwärmspiele:
A 8 – Inselsuche und / oder A 10 – Schütz deinen Ball

B) Aufwärmdrill: Pass-Spiel im Kreis üben

5–7 Spieler stehen im Kreis mit einem Durchmesser von 8–12 m.

A spielt den ersten Pass durch den Kreis zu E und läuft seinem Ball hinterher. Der Passgeber nimmt die Position des angespielten Spielers ein.

Variation: Der angespielte Spieler startet dem Ball entgegen und spielt ihn in der Bewegung (vgl. Zeichnung).

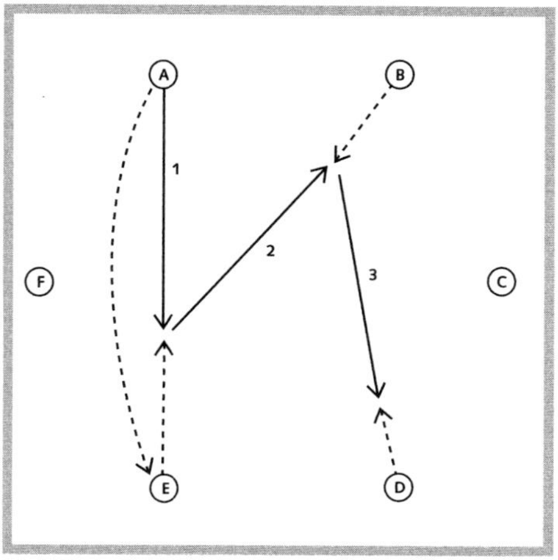

C) Koordinationstraining

Übungen mit der Koordinationsleiter Teil 2

D) Hauptteil: Wettkampfgemäßes Doppelpass-Verhalten

Spielform: Tempodribbling nach dem Wandspiel

In einem mit Markierungskegeln abgegrenzten Raum (ca. 40 m x 40m) dribbeln die Spieler in lockerem Tempo. 5 Wandspieler sind ständig anspielbereit.

Spielregeln:

- Die ballbesitzenden Spieler (A) führen mit den 5 freien Spielern ein Wandspiel durch. Dazu sucht sich jeder Zuspieler einen freien Wandspieler.
- Nach dem Wandspiel dribbelt er schnell aus dem abgegrenzten Raum um ein Hütchen, bevor er sich einen weiteren freien Wandspieler sucht.
- Jedes Wandspiel in Verbindung mit dem Umdribbeln eines Außenhütchens ergibt einen Punkt für den Zuspieler.

Wertungsmöglichkeiten:

- Welcher Zuspieler erzielt in einer bestimmten Zeit die meisten Punkte?
- Welcher Zuspieler kann eine vorgegebene Punktzahl in der kürzesten Zeit erreichen?

Variation:

Die Zuspiele und Wandspiele müssen in einer bestimmten Technik (Innenseitstoß, Innenspannstoß, Außenspannstoß) durchgeführt werden.

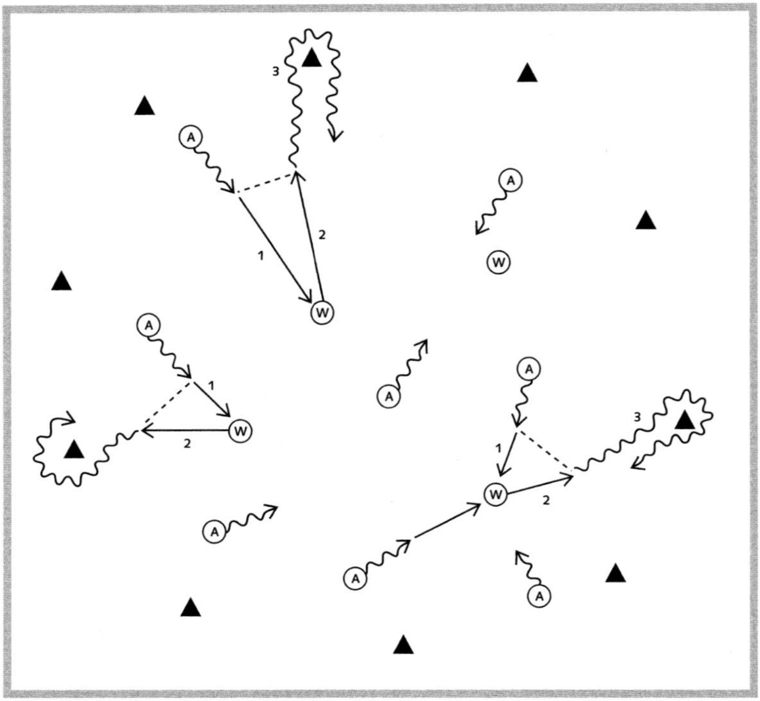

Partnerübungen:

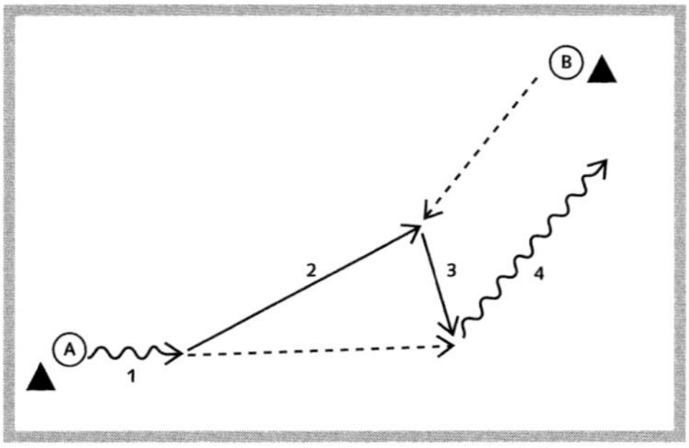

Sprint zum Ball – Pass aus dem Dribbling – Wandspiel
Aus dem kurzen Dribbling spielt A dem entgegensprintenden Spieler B den Ball diagonal in den Lauf, der ihn direkt «abtropfen» lässt. A dribbelt zum Hütchen von A und spielt ihm dem Ball zu. Der Wandspieler wird zum Zuspieler und umgekehrt.

Ausspielen eines passiven Gegners (Hütchen) mit einem Doppelpass
Zur Orientierung wird ein Hütchen als «Gegenspieler» aufgestellt. Dies zwingt die Spieler dazu, den Doppelpass an einer vorgegebenen Stelle auszuführen.

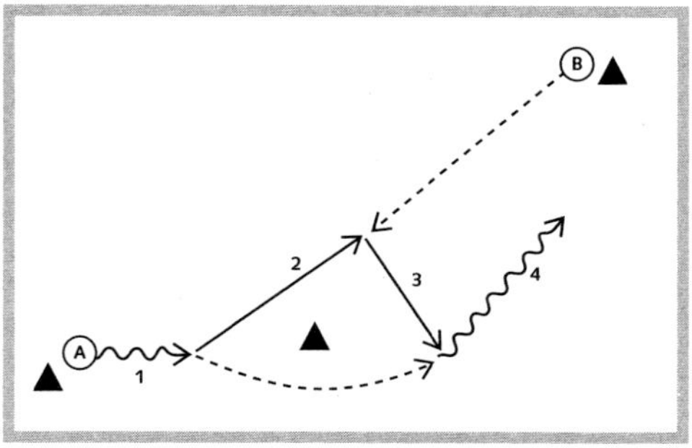

Ausspielen eines halbaktiven Gegenspielers
Nun kommt ein Gegenspieler hinzu, der den Zuspieler angreift (vgl. Bild).

- Nach dem Doppelpass wechseln Wand- und Zuspieler die Position.
- Der Gegenspieler wird nach 10 Doppelpässen ausgetauscht.

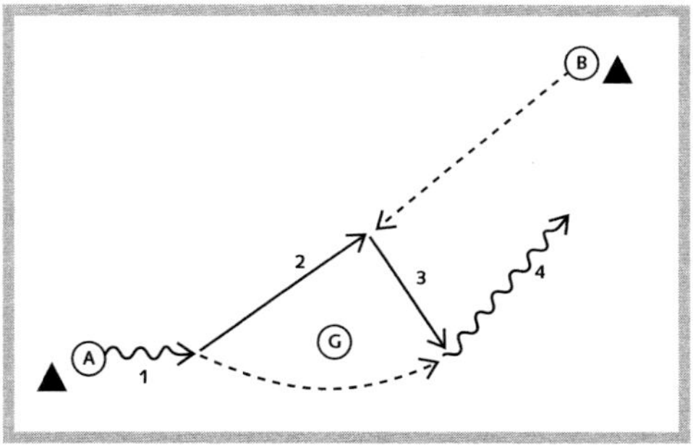

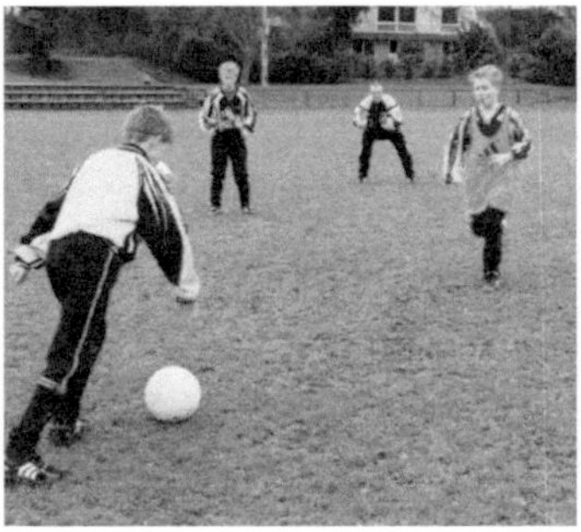

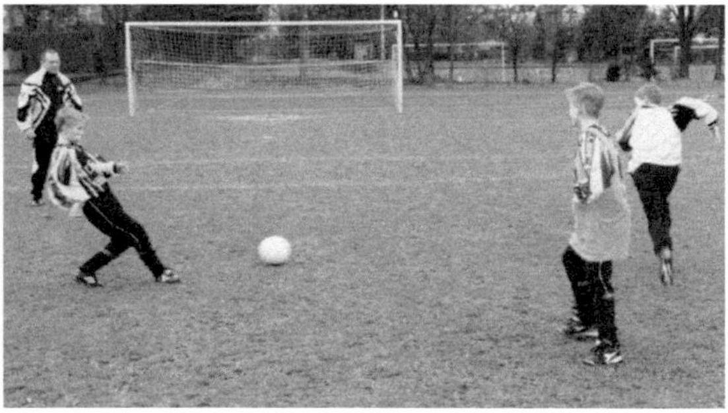

Bedrängnis des Wandspielers – Ausspielen eines Gegners
A dribbelt auf G1 zu und achtet auf den Wandspieler, der durch einen plötzlichen Antritt den Ball fordert. (Blickkontakt!)

A spielt in den Lauf von B, der von G2 halbaktiv bedrängt wird.

- A sprintet um G1 und erhält den Doppelpass von B.
- A und B wechseln ihre Position.
- Nach 10 Durchgängen wechseln die Spieler ihre Funktionen.

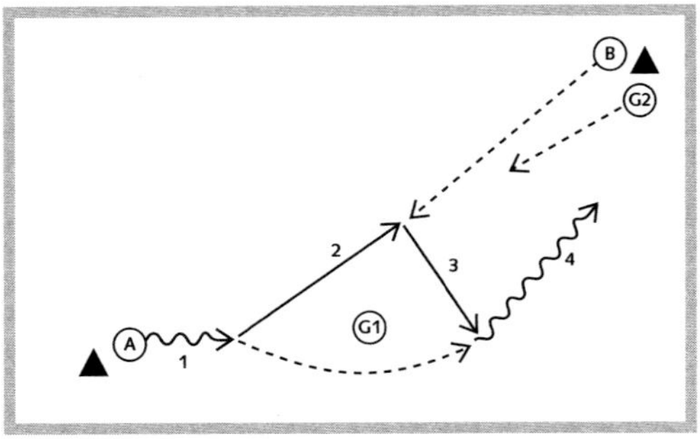

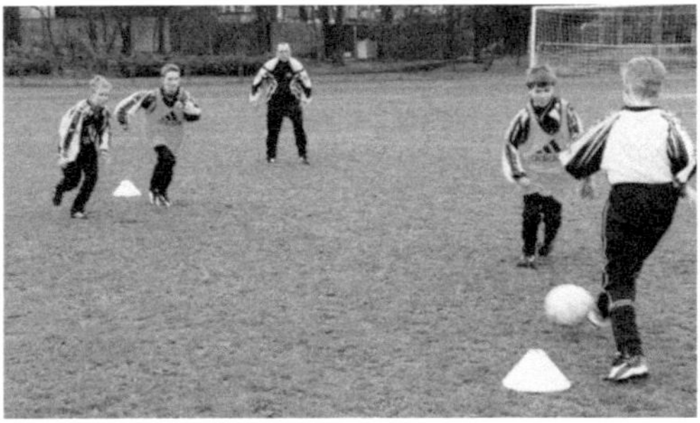

Doppelpass mit zwei Gegnern

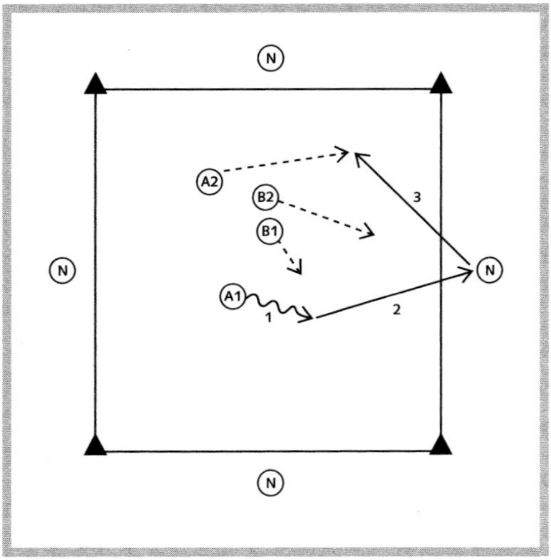

Zwei gegen zwei + 4 neutrale Wandspieler

E) Ausklang / Abschluss

- Spiel auf vier Tore (Zusatzregel: Tore nach einem Doppelpass zählen doppelt).

Serie 5: Kopfball

Das Kopfballspiel wird im Kinder- und Jugendtraining häufig nicht berücksichtigt bzw. stark vernachlässigt, obwohl die Spieler hohe Bälle abwehren, Flugbälle zum Partner weiterleiten oder auf das Tor köpfen müssen.

Dies macht eine Schulung der Kopfball-Technik schon in der Anfängerschulung notwendig.

Trainer sollten das Kopfballtraining mit Kindern jedoch gewissenhaft planen und folgende Punkte berücksichtigen:

- unbedingt Lightbälle benutzen
- auf präzises Treffen des Balls mit der Stirn achten
- kurze Übungsphasen
- häufiger Rollenwechsel zwischen Zuwerfer, Zuspieler, Kopfballspieler und Torwart
- keine langen Flugkurven bei zugeworfenen / zugeschossenen Bällen

Anmerkung: Ein geeignetes Trainingsgerät zur Entwicklung einer sauberen Kopfballtechnik ist der Swingball, der an der Querlatte befestigt wird und eine kurze Schwungphase hat (die Übung mit dem Swingball finden Sie auf der Website: www.ifj96.de).

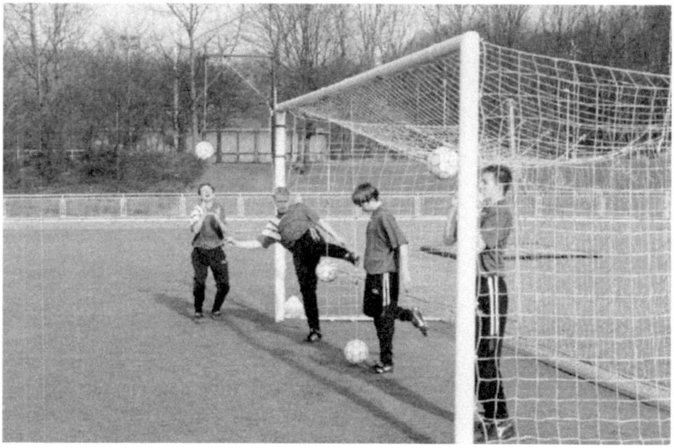

Swingball

Trainingseinheit K 1: Grundlagen (Partnerübungen)

Beim Erarbeiten des frontalen Kopfballs und des Kopfballs aus der Drehung ergeben sich folgende Lernschritte:

- Kopfball aus dem Stand
- Kopfball aus dem Angehen
- Kopfball aus dem langsamen Lauf
- Kopfball aus dem schnellen Lauf

A) Einstimmen:

Aufwärmspiele: A 2 Pest in Venedig und/oder A 14 – Aufwärmkontakt

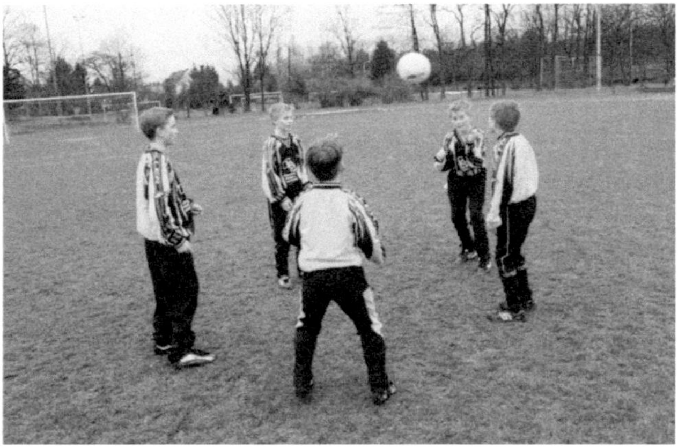

B) Aufwärmdrill

4–5 Spieler stehen im Kreis und köpfen sich den Ball zu.
Anfänger fangen den Ball zuerst mit der Hand, werfen ihn hoch und köpfen ihn zum nächsten Spieler.

C) Koordinationstraining

Kopfball in der Koordinationsleiter (vgl. Seite 100–105)

D) Hauptteil:

Ü1: Kopfball im Stand

- Die Spieler stehen sich im Abstand von 3 bis 5 Metern gegenüber.
- A wirft sich den Ball selbst hoch und köpft ihn zu B.
- B fängt den Ball und köpft ihn auf dieselbe Weise zurück.

Hinweis:
Je älter und geübter die Kinder sind, desto größer sollte der Abstand gewählt sein.

Ü2: Kopfball – direkt zurück zum Werfer
- A wirft den Ball zu B
- B köpft den Ball so zu A zurück, dass er ihn fangen kann.
- Nach 5 Würfen wechseln die Aufgaben – B wirft und A köpft.

Ü3: Kopfball – direkt hin und her
- Die Spieler versuchen, den Ball zehn Mal hin- und herzuspielen.

Ü4: Kopfball im Vorwärtslauf
- A bewegt sich rückwärts und wirft den Ball zu B.
- B läuft vorwärts und köpft den Ball so zurück, dass A ihn fangen kann.
- Nach 10 bis 15 Metern bewegen sich die Spieler zurück. A wirft und B köpft.

Ü5: Kopfball aus der Drehung – im Stand
- A wirft den Ball zu B und läuft zur Seite weg.
- B köpft den Ball aus der Drehung so zurück zu A, dass er ihn fangen kann.
- Nach 5 Durchgängen wechseln die Aufgaben.
- Der Oberkörper sollte vor dem Kopfstoß in die neue Richtung gedreht werden.

Ü6: Kopfball aus der Drehung – aus dem Lauf
- A wirft den Ball hoch einfallend seitlich zu B.
- B läuft zur Seite und köpft den Ball aus der Drehung zurück.
- Nach 5 Würfen wird gewechselt.
- Je geübter die Spieler sind, desto weiter wirft der Werfer den Ball zur Seite.

Ü7: Kopfball in der Vorwärtsbewegung
- Die Spieler laufen parallel im Abstand von 3 bis 5 Metern vorwärts.
- A wirft sich den Ball in den Lauf von B.
- B köpft den Ball so zurück in den Lauf von A, dass dieser ihn fangen kann.
- A wirft den Ball nach dem Fangen erneut zu A und wiederholt dies, bis sie die vorgegebene Strecke (ca. 20 m) zurückgelegt haben.

E) Abschluss-Spiel: Handball-Kopfball (Spiel W 12)

Spielregeln:
- Zwei Mannschaften spielen auf zwei Tore.
- Die Spieler werfen sich den Ball mit den Händen zu.
- Tore dürfen nur mit dem Kopf erzielt werden.
- Abwehr im Tor ist nur mit dem Kopf erlaubt.

Trainingseinheit K 2: Kopfball in der Dreiergruppe

A) Aufwärmspiel: Handball – Kopfball

Dieses Spiel eignet sich nicht nur zum Abschluss einer TE, sondern auch gut als Aufwärmspiel.

B) Aufwärmdrill

Die Spieler üben Pässe, An- und Mitnahme und Dribbling in einer Komplexform.

(1) A1 spielt zu B und läuft seinem Ball hinterher, dreht sich um und erwartet den nächsten Pass.
(2) B nimmt den Ball kurz mit, passt ihn zu C und läuft seinem Ball hinterher.
(3) C spielt zu D und läuft ebenfalls dem Ball hinterher.
(4) D nimmt den Ball an und mit und durchdribbelt den Parcours mit Techniken aus dem Dribbelprogramm.

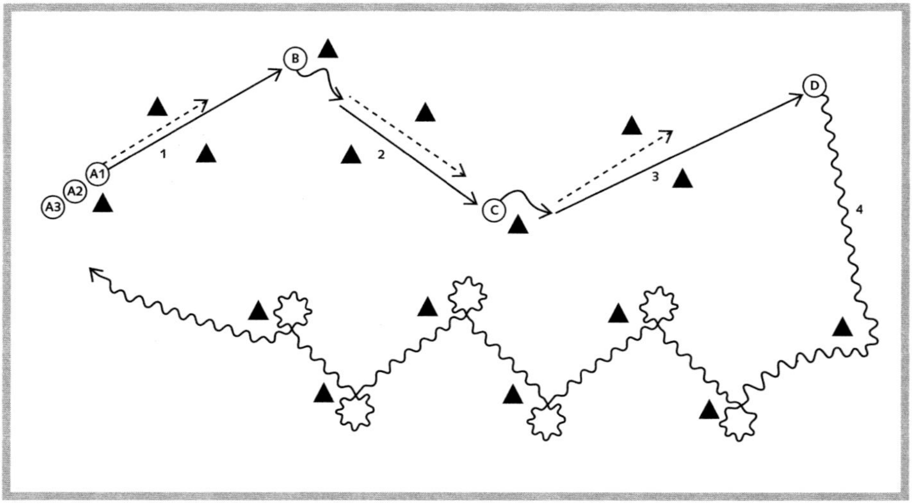

C) Koordinationstraining

Koordinatives Techniktraining – Kopfball nach Zuwurf im Stangenparcours

Die Spieler gehen zu zweit zusammen und erhalten zwei kleine Hürden oder Stangen, die sie parallel auf den Boden legen. Ein Spieler wirft, der zweite führt Kopfbälle unter erschwerten Bedingungen aus.

Nach schnellen Seitbewegungen über Stangen köpft der Spieler den Ball zurück zum Partner.

D) Hauptteil: Kopfball in der Dreiergruppe

Die Spieler bilden Dreiergruppen und erhalten zwei Bälle. Ein Spieler köpft im Wechsel die zugeworfenen Bälle zurück.

Ü1: 2 Bälle – leichte Drehung

- A und B werfen je einen Ball zu C, der ihn mit einer leichten Drehung so zurückköpft, dass sie ihn fangen können.

Ü2: 2 Bälle – leichte Drehung in der Vorwärtsbewegung

- A und B bewegen sich zurück, und C köpft den Ball in der Vorwärtsbewegung.

Ü3: 2 Bälle – starke Drehung

- A, B und C stehen auf einer Linie.
- A und B halten einen Ball.
- C befindet sich in der Mitte zwischen A und B.
- A wirft den Ball zu C, der ihn zurückköpft und sich sofort zu B hindreht.
- B wirft nun den Ball, und C köpft zurück.
- Nach 10 Kopfbällen wird gewechselt.

Variation:
Die Spieler A und C werfen sich den Ball selbst hoch und köpfen ihn zu B.

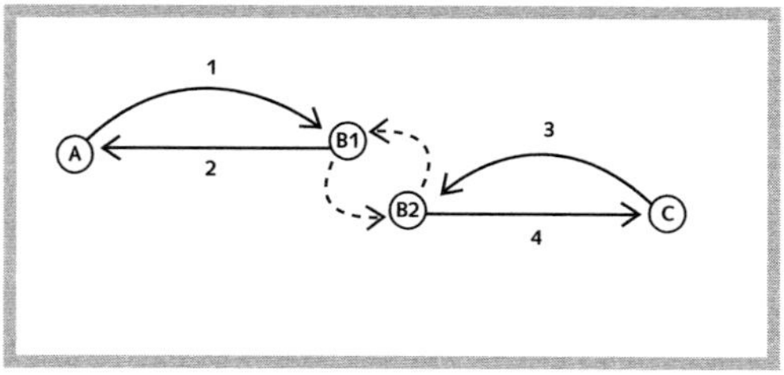

Ü5: 1 Ball – A wirft – B und C wechseln

- A, B und C stehen auf einer Linie
- A ist fester Zuwerfer.
- B und C stehen hintereinander. Sie köpfen im Wechsel die von A zugeworfenen Bälle zu A zurück und stellen sich wieder hinten an.

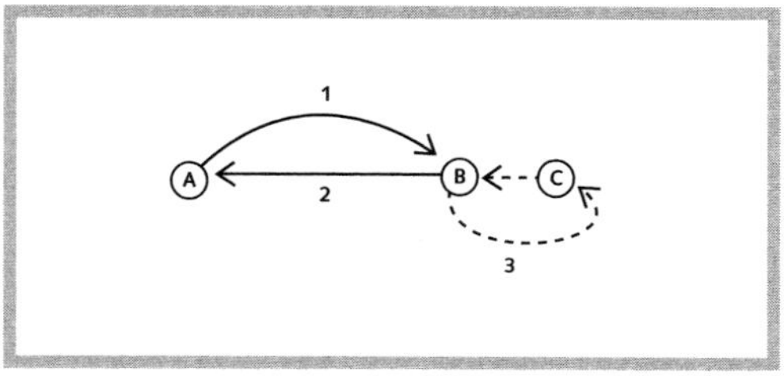

Ü6: 1 Ball – Defensivkopfball

- A wirft den Ball.
- B und C springen hoch, B stört C beim Kopfball.
- C köpft zurück zu A, wie ein Abwehrspieler.
- Nach jeweils 5–10 Kopfbällen wechseln die Spieler ihre Position.

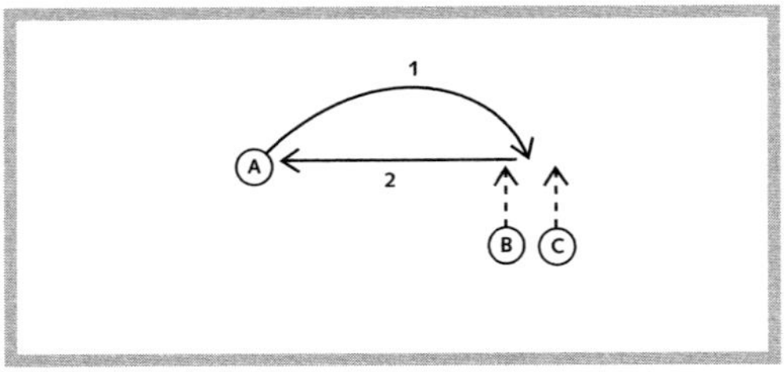

Ü7: 1 Ball – Kopfball mit Drehung

In dieser Übung festigen die Spieler den Kopfball mit einer Drehung. Die Aufgaben Werfen – Köpfen – Fangen wechseln ständig.

- A wirft zu B, der zu C köpft.
- C fängt den Ball und wirft zu A, der zu B köpft.
- B fängt und wirft zu C, der zu A köpft usw.

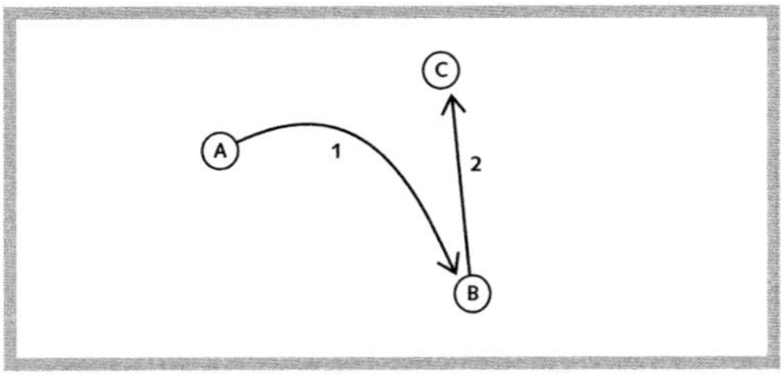

Variationen:

- Sprungkopfball
- Hechtkopfball

E) Abschluss-Spiel: Handball-Kopfball (4 gegen 4)

Die Spieler versuchen, den Ball in den Torraum zu werfen und mit einem Kopfball abzuschließen. Innerhalb des Torraums darf der Ball nur mit dem Kopf gespielt werden. Es gibt keinen Torwart. Wenn der Ball auf den Boden fällt, darf ihn ein Spieler der gegnerischen Mannschaft aufheben und wieder ins Spiel bringen.

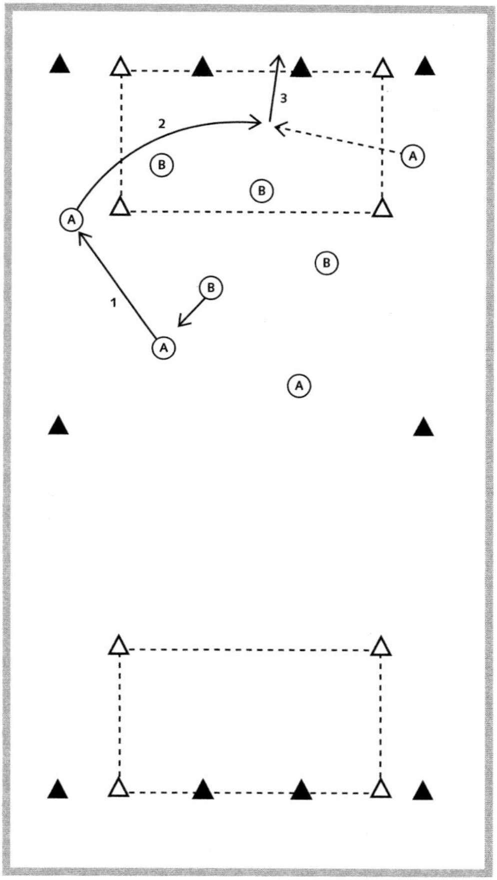

Trainingseinheit K 3: Kopfball auf das Tor

Nach den Grundübungen zum Kopfball wenden die Spieler in dieser TE Kopfballtechniken auf das Tor und im Spiel an.

A) Einstimmen:

Aufwärmspiele: A 3 – Autorennen und/oder A 9 – Jägerball

B) Aufwärmdrill

Die Spieler wiederholen die Techniken im Kamm:

- Mit der Sohle zurückziehen
- Kappen innen
- Kappen außen

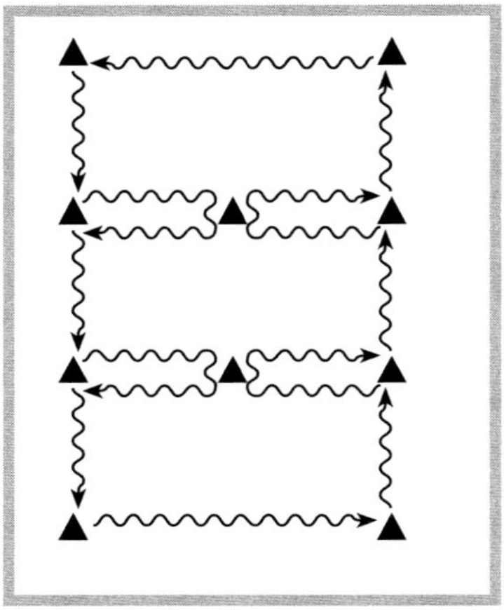

C) Koordinationstraining

Koordinationstraining in der Koordinationsleiter (vgl. Seite 100–105)

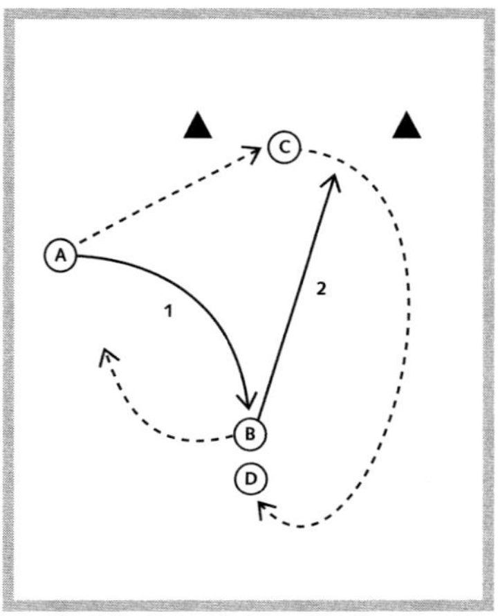

D) Hauptteil: Kopfball auf das Tor

Ü1: Zuwurf – Kopfball auf das Tor

- A wirft den Ball im Bogen zu B.
- B läuft dem Ball entgegen und köpft aufs Tor.
- C versucht, den Ball zu halten oder abzuwehren.
- Danach wechseln die Spieler ihre Funktionen. A geht ins Tor, C holt den Ball und stellt sich hinten an. B wird Werfer.
- D köpft den zweiten Ball.
- *Variation:* Kopfball im Sprung

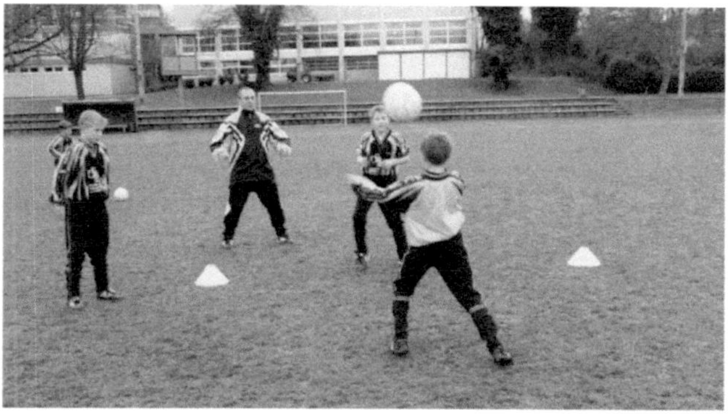

Spiel: «Von Tor zu Tor»

- Im Abstand von 4–7 Metern bilden die Spieler zwei Tore.
- Spieler A wirft sich den Ball auf der Torlinie selbst hoch und versucht, ein Tor zu köpfen.
- Die Höhe des Tores ist die Körpergröße der Spieler.
- Jedes gültige Tor bringt einen Punkt.

Hinweise:

- Der Trainer organisiert ein kleines Turnier.
- Jeder Spieler macht 5 Spiele gegen unterschiedliche Gegner, die der Trainer bestimmt.
- Die Spielzeit beträgt 5 Minuten.
- Die Wechselzeit beträgt jeweils eine Minute.
- Jeder Sieg bringt 3 Punkte, ein Unentschieden 1 Punkt.

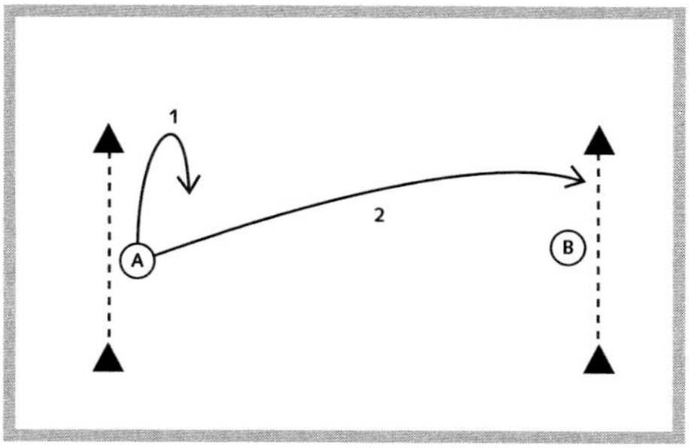

Spiel «Von Tor zu Tor nach Zuwurf»

- Im Abstand von 3–7 Metern sind zwei Tore aufgebaut.
- Spieler A wirft den Ball von der Torlinie zu B.
- B versucht, den Ball direkt ins Tor zu köpfen und einen Punkt zu erzielen.
- Die Höhe des Tores ist die Körpergröße der Spieler.

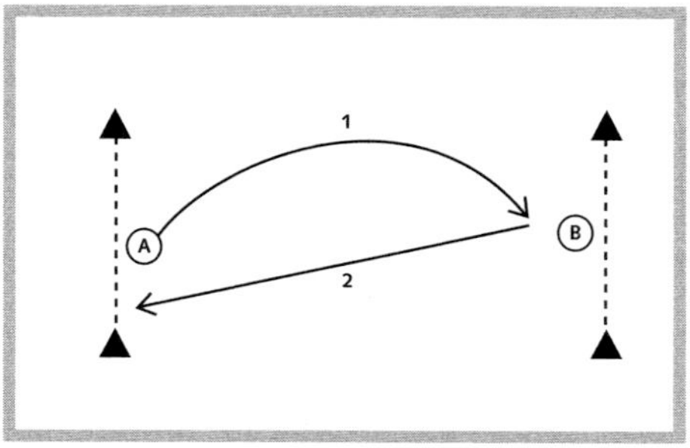

Hinweis:
- Der Werfer ist verpflichtet, den Ball so zu werfen, dass ihn sein Gegner gut mit dem Kopf erreichen kann.
- Kommt der Ball zu ungenau, darf ihn der Kopfballspieler fangen und zurückwerfen.

Spiel: Handball-Kopfball (4 gegen 4)
Regeln wie in der letzten TE. Nun muss der Ball jedoch spätestens nach jedem 3. Pass mit dem Kopf gespielt werden. Die Spieler zählen laut mit. Nach jedem Kopfball beginnen sie wieder mit der «eins».

Variation für Fortgeschrittenen:
Das Abspiel zum Partner erfolgt mit einem Drop-Kick oder direkt aus der Hand. Fällt der Ball auf den Boden, wechselt er zur anderen Mannschaft.

E) Abschluss-Spiel:
Freies Spiel (8 gegen 8) – Kopfballtore zählen 5 Punkte, damit der Anreiz groß ist, auf die Flügel zu spielen und ein Kopfballtor nach einer Flanke zu erzielen.

Serie 6: Torschuss

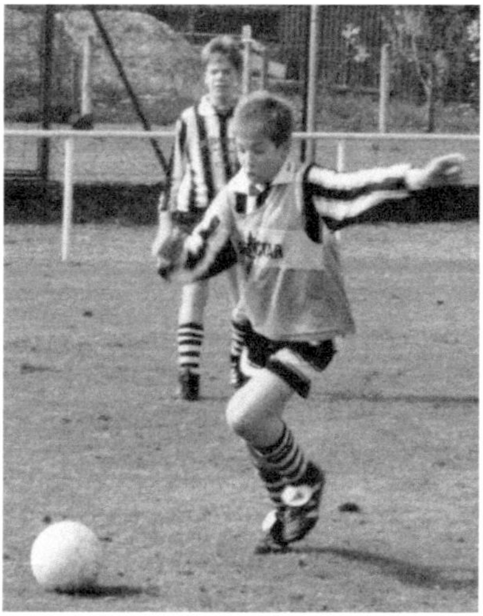

Die Lieblingsübung vieler Jugendtrainer zu Torschuss läuft folgendermaßen ab: Der Trainer befindet sich in Höhe des Strafraums, 16 Kinder stehen erwartungsfroh 10 bis 15 m entfernt in einer Reihe. Der erste Spieler passt zum Trainer, sprintet ihm entgegen und schießt den quer gepassten Ball mehr oder weniger genau aufs Tor. In dieser Torschuss-Übung kommt jedes Kind (wenn es hochkommt) 3 bis 4 mal an die Reihe. Leider ist diese weniger effektive Trainingsform keine Seltenheit. Lernfortschritte und Bewegungsintensität der Kinder sind eher gering. Nur einer wird dabei intensiv gefordert, der Trainer.

Effektives Torschusstraining sollte folgende Kriterien erfüllen:

- Durch eine große Wiederholungszahl und hohe Übungsintensität haben die Kinder ausreichend Gelegenheit, ihre Technik beim Torschuss zu verbessern. Daher sollten beim Torschusstraining möglichst viele Tore zum Einsatz kommen, am besten Tore mit Netz.
- Die Übungen sind wettkampfnah. Das setzt voraus, dass die Übungen nach dem Grundlagentraining in eine Spielsituation eingebunden werden.
- Der Trainer korrigiert und hilft, Fehler bei der Körperhaltung (Oberkörper, Fußhaltung, Ausholbewegung) sowie taktische Fehler (Position zu Ball, Laufwege, kein Tempowechsel) abzustellen.

Trainingseinheit T 1: Basisübungen

In der ersten TE zum Torschuss lernen die Spieler die richtige Schusstechnik, die notwendig ist, um den Ball mit hoher Geschwindigkeit in Richtung Tor zu schießen. Der Trainer sollte Fehler sofort korrigieren. Insbesondere achtet er darauf, dass das Standbein eine Fußbreite neben dem Ball aufsetzt, also nicht zu weit vom Ball entfernt ist und in Schussrichtung zeigt. Die Fußspitze des Spielfußes sollte nach unten zeigen und der Fuß festgestellt sein. Dies bringt die notwendige Schussgenauigkeit. Um eine möglichst hohe Beschleunigung des Balls zu erreichen, ist es notwendig, dass das Schussbein während der Ausholbewegung gebeugt ist (kurzes Pendel!) und erst kurz vor dem Ballkontakt gestreckt wird.

A) Einstimmen:

- Kleiner Wettkampf W 11 – Bälle vom Hütchen schießen

B) Aufwärmdrill:

Richtungsdribbling (vgl. Seite 83/84)

C) Koordinationstraining

Übungen in der Koordinationsleiter mit Ball (vgl. Seite 100–105)

D) Hauptteil: Grundübungen zum Torschuss

Torschuss auf 1 Tor in der Dreiergruppe

- In Dreiergruppen schießen die beiden Außenspieler den ruhenden Ball abwechselnd auf das Tor in der Mitte (Größe: 3–5 m).
- Der Abstand richtet sich nach der Schussstärke der Spieler (ca. 8–12 m).

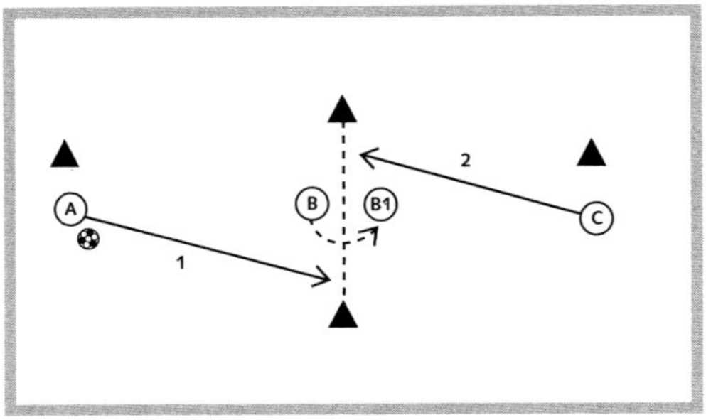

- Der Torwart dreht sich vor dem Schuss zum jeweiligen Schützen.
- Wenn der Torwart den Ball abwehrt, versucht der Schütze ein Tor im Nachschuss zu erzielen.
- Nach 10 Schüssen wechseln die Aufgaben. Jeder Spieler geht einmal ins Tor.
- Wer schießt die meisten Tore?

Direktschuss nach Zuspiel in den Lauf des Spielers

Der Trainer wählt ein Gebiet aus, in dem die Bälle von einem Gitter oder Netz aufgefangen werden, damit die Spieler wenig laufen müssen, um ihren Ball zurückzuholen. (Z. B. Auffangzaum hinter dem Tor)

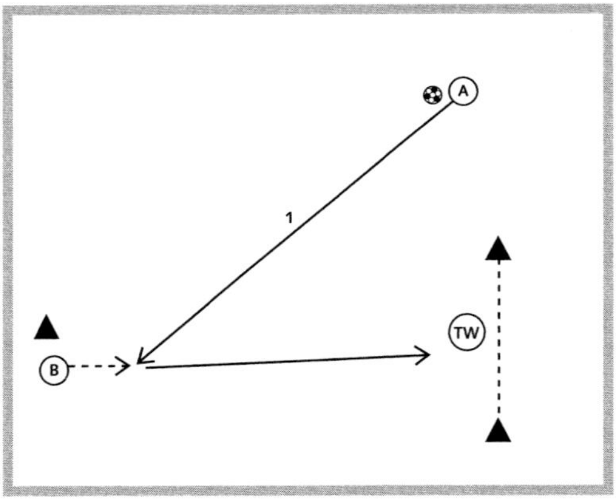

A) Zuspiel aus der Tornähe – Der Torschütze läuft in den Ball!

- Der Zuspieler (A) passt den Ball zum Torschützen (B), der sich ca. 10 Meter vom Tor entfernt hinter der Schusslinie befindet.
- Der Torwart (C) ist im Tor.
- Abgewehrte Bälle dürfen im Nachschuss verwandelt werden.
- Alle Bälle werden wieder zu A zurückgespielt.
- Nach 10 Pässen wechseln die Spieler ihre Position.
- Wer erzielt die meisten Tore?

B) Zuspiel von der Seite – Schuss aus der Drehung.

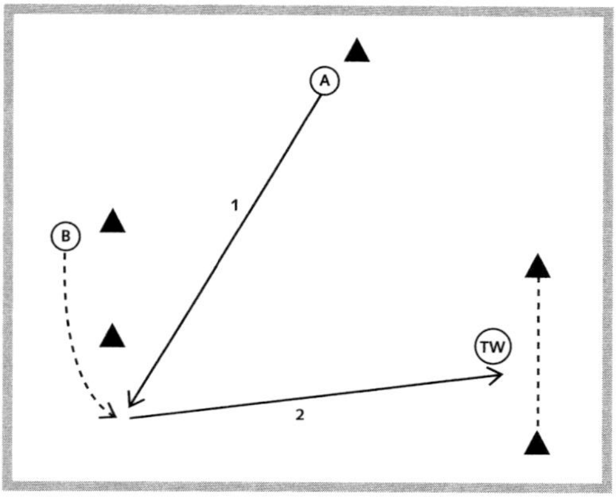

C) Zuspiel von hinten – Torschuss nach Ballmitnahme mit Körperdrehung

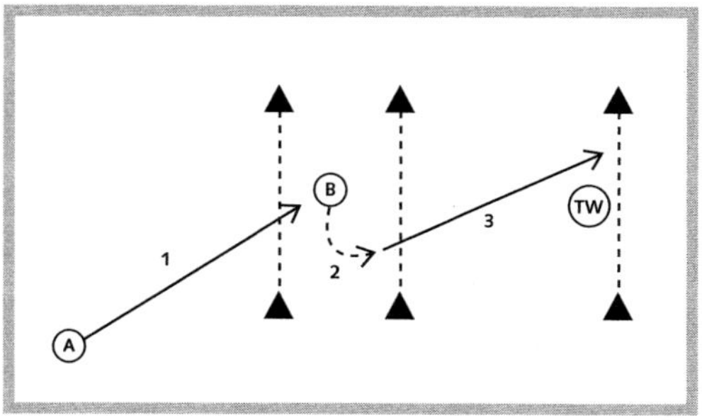

- Anfänger sollten schon frühzeitig den dynamischen Charakter der Ballan- und -mitnahme erkennen. Daher bietet es sich an, diese auch in Verbindung mit einem Torschuss zu lernen.
- Eine gezielte Vorbereitung auf das moderne Tempospiel erreicht man, wenn nur drei Ballkontakte gestattet sind: annehmen, vorlegen und schießen.
- Ballan- und -mitnahme werden sowohl mit der Innenseite als auch mit der Außenseite in Verbindung mit einer Körperdrehung durchgeführt.
- Von Anfang an fordert der Trainer die Spieler auf, beidfüssig zu üben.

Torschuss nach Sprint zum Ball

- Der erste Torschütze (B1) startet zum Ball, den der Zuspieler (A) in den freien Raum passt.
- B1 versucht, den Ball innerhalb der Torzone zu schießen.
- Nach dem Torschuss holt B1 seinen Ball und übernimmt die Position von A.

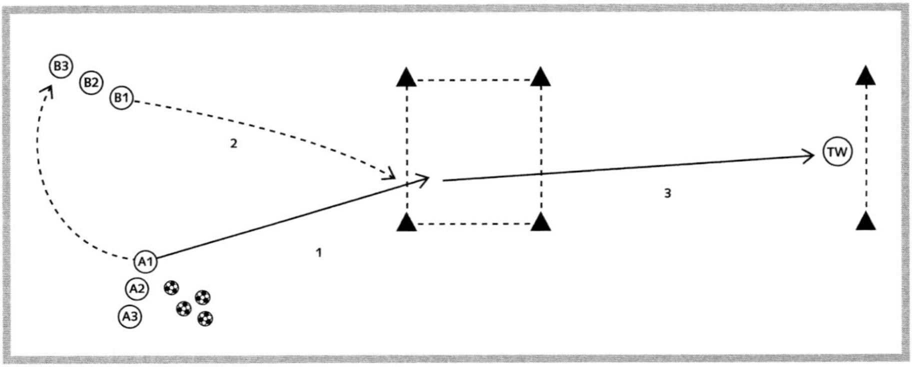

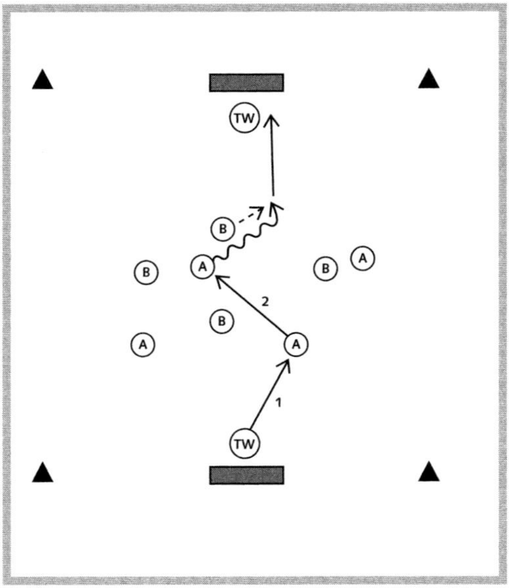

E) Abschluss-Spiel: 4 gegen 4 auf zwei Tore mit 2 Torhütern

Zwei Tore (möglichst mit Netz) werden im Abstand von ca. 20 m aufgestellt. Auf engem Raum spielen zwei Mannschaften 4 gegen 4 (5 gegen 5) und haben die Aufgabe, möglichst schnell zum Abschluss zu kommen. Es ist erlaubt, aus allen Entfernungen auf das Tor zu schießen. Dadurch ergeben sich auch Weitschüsse, und die Abwehrspieler sind gezwungen, schnell anzugreifen. Wenn nur zwei Tore vorhanden sind, sollten die übrigen Spieler in einem zweiten Feld spielen. Dann wechseln die Mannschaften nach Spielplan ins Hauptfeld.

Trainingseinheit T 2: Torschuss nach Dribbling

Ein effektives Torschusstraining berücksichtigt die Notwendigkeiten des Wettkampfes. Aus diesem Grund sollte der Torschuss in eine Trainingsform eingebunden werden, die dem Spieler ermöglicht, spielnah auf das Tor zu schießen. Dazu ist es unbedingt notwendig, dass die Spieler innerhalb einer komplexen Übungssituation aus der Bewegung heraus auf das Tor schießen.

Der Trainer startet mit einfachen Passfolgen und abschließendem Torschuss und baut nach und nach schwierige Kombinationsformen mit Gegenspieler auf, in denen die Spieler erheblich unter Zeit- und Gegnerdruck kommen. Torschüsse aus dem Dribbling sollten ebenfalls nicht fehlen.

A) Einstimmen:

Aufwärmspiele: A 11 – Zipp-Zapp Tücher ab und/oder A 16 Toredribbling

B) Aufwärmdrill:

Wiederholung des Wandspiels mit einem Wandspieler:

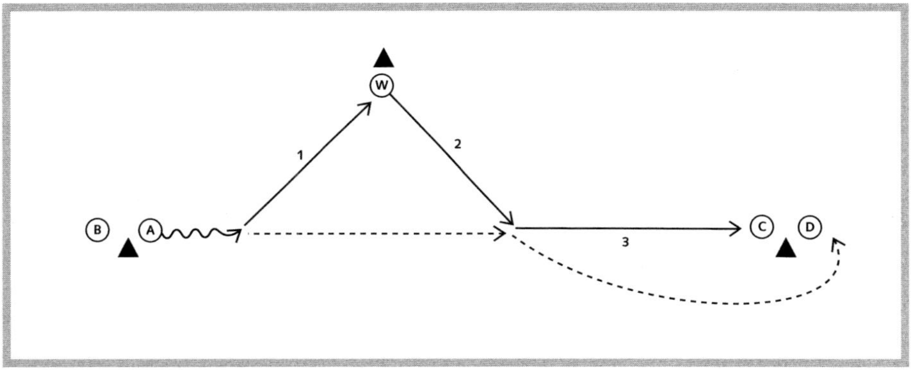

C) Koordinationstraining

Übungen mit der Koordinationsleiter und Anschluss-Aktion (Pass-Spiel am Ende) (vgl. Seite 106)

D) Hauptteil:

Dribbling + Torschuss (mit Gegenspieler)

Der erste Spieler der Reihe (A und B) dribbelt auf den Gegenspieler des entsprechenden Quadrates zu, spielt ihn aus und schießt aufs Tor.

In der ersten Stufe sollte der Gegenspieler halbaktiv angreifen und dem Angreifer

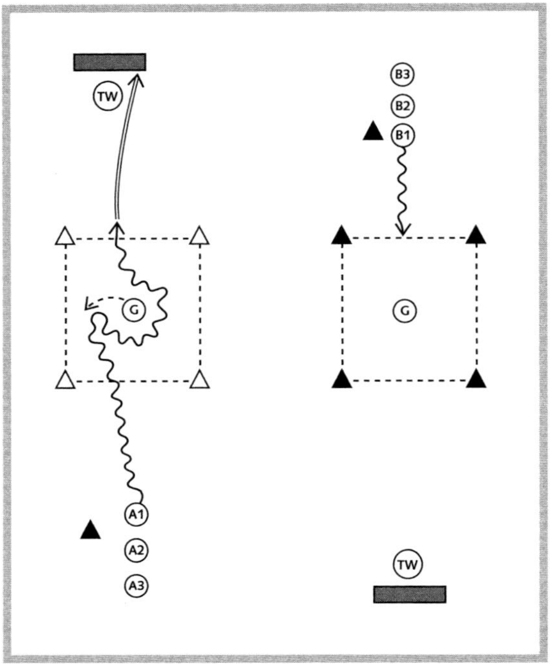

ein Erfolgserlebnis vermitteln. Erst wenn die Angreifer stark genug sind, greift der Abwehrspieler mit vollem Einsatz an.

Dann ist auch ein Wettkampf Dribbler gegen Abwehrspieler möglich.

Ein erfolgreiches Dribbling bringt einen Punkt und ein Tor zwei weitere Punkte.

Organisation: Die Torschützen nehmen ihren Ball und stellen sich am Ende der anderen Gruppe an. Auf diese Weise schließt sich der Kreis, und die Spieler haben nicht so große Laufwege.

Dribbling + Torschuss (gegen zwei Gegenspieler)

Die Spieler stehen unter einem höheren Druck, wenn sie zwei Gegner ausspielen müssen, bevor sie auf das Tor schießen.

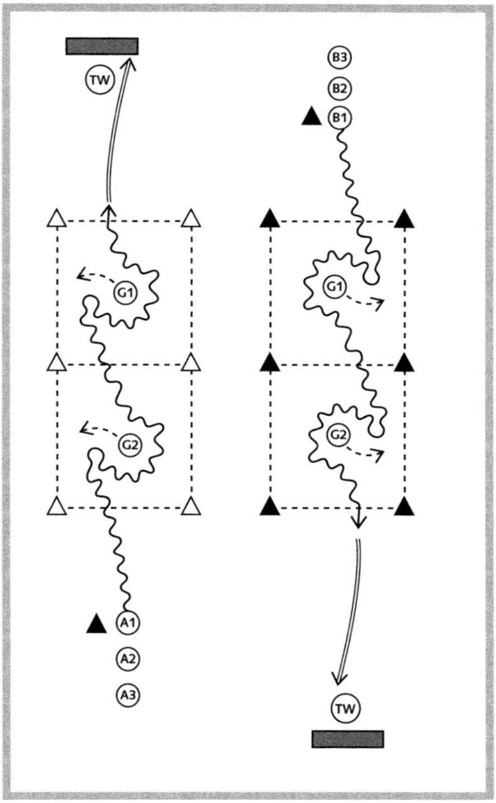

Ballübernahme

An beiden Ecken des Strafraums befinden sich zwei Spielerreihen, eine Gruppe mit, die zweite ohne Ball. Nach einem Blickkontakt dribbelt der erste Spieler (B) auf seinen Partner (A) zu. In der Mitte vor dem Tor übernimmt A den Ball auf der torentfernten Seite von B und schießt nach einem kurzen Dribbling auf das Tor. Anschließend wechseln beide zur anderen Gruppe. A holt vorher seinen Ball.

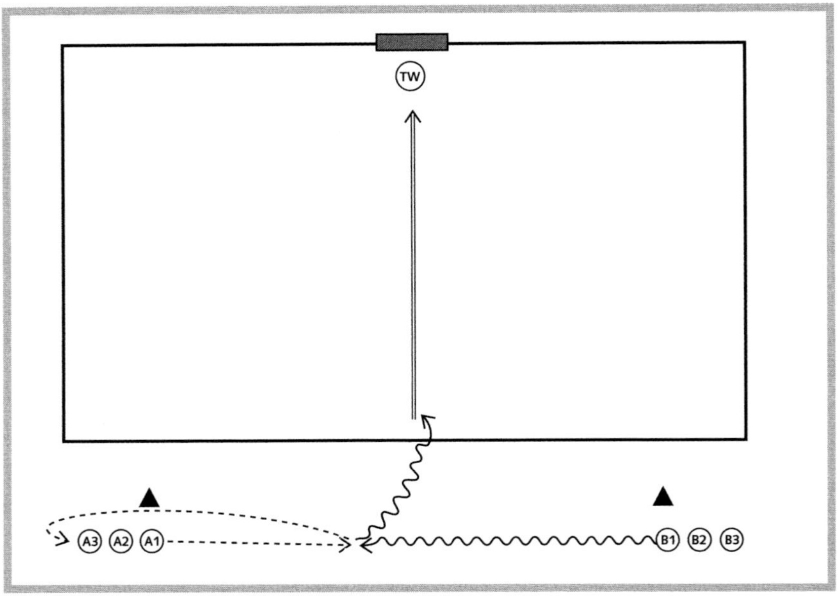

Dribbling + Torschuss (nach Ballübernahme mit Gegenspieler)

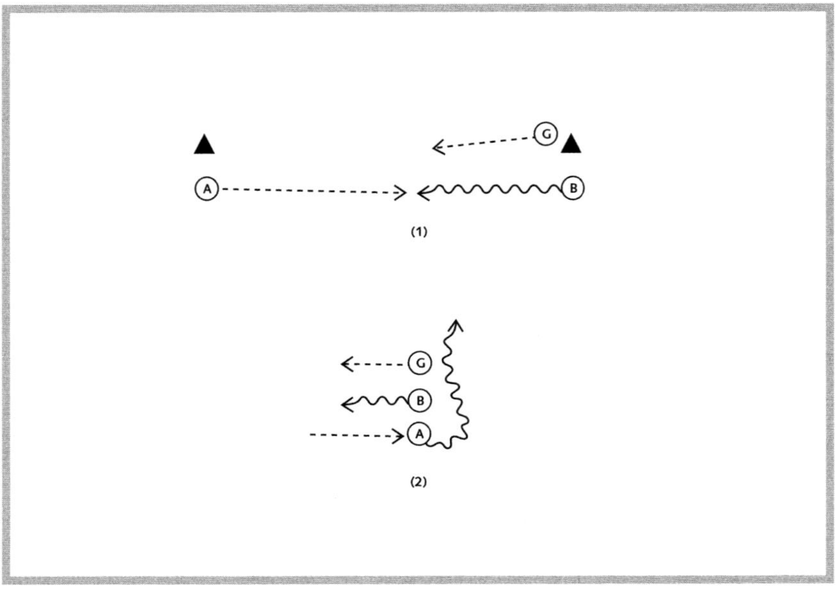

In dieser Übung läuft ein Gegenspieler neben dem Dribbler und schirmt den Weg zum Tor ab. A übernimmt den Ball auf der torentfernten Seite, dribbelt in Richtung Tor und schließt mit einem Torschuss ab. Ein zweiter Gegner steht bereit, damit das nächste Paar starten kann. In dieser Zeit läuft der erste Gegner zurück zur Gruppe B.

Trainingseinheit T 3: Torschuss nach Wandspiel

A) Einstimmen:

Aufwärmspiele: A 3 – Autorennen und / oder A 12 Sechs-Tage-Rennen

B) Aufwärmdrill:

Wiederholung Ballan- und -mitnahme nach hinten

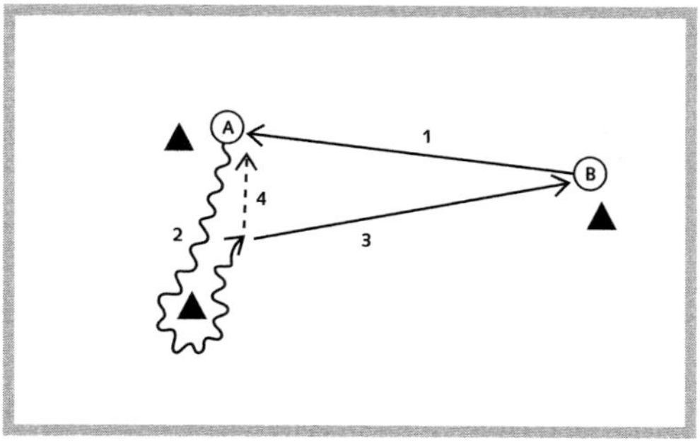

C) Koordinationstraining

Übungen mit der Koordinationsleiter (Anordnung 90 Grad) (vgl. Seite 105)

Hauptteil: Torschuss nach Kombinationsspiel

Doppelaktion des Torschützen

Der Torschütze (A1) erhält die Aufgabe, nach dem Wandspiel mit B1 einen Weitschuss (ca. 16 m) auf das Tor abzugeben und sofort auf den Trainer zuzusprinten, der ihm einen zweiten Ball zuschießt oder zuwirft.

Die zweite Aufgabe könnte z. B. ein Torschuss aus kurzer Distanz oder ein Kopfball nach Zuwurf sein.

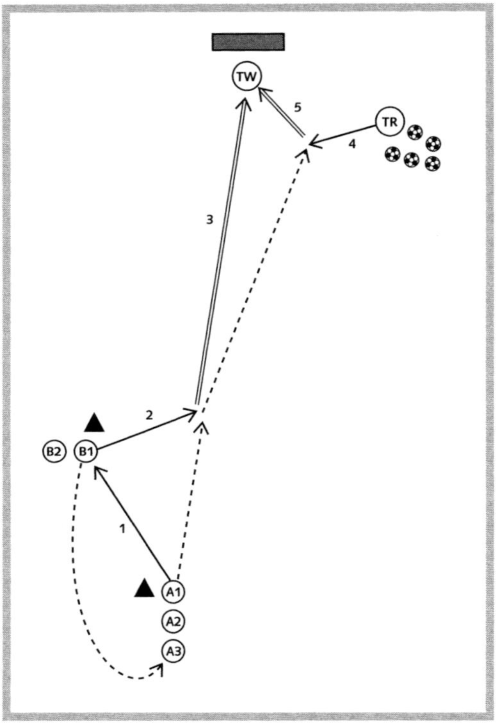

Der Torschütze spielt einen Ball zum Trainer und den zweiten zum Wandspieler (B) und stellt sich dann als Wandspieler zur Verfügung. B1 stellt sich bei A an. Dadurch wechseln die Spieler ihre Funktion ständig.

Zweifaches Wandspiel vor dem Torschuss

Die Spieler der Gruppe A spielen mit den Spielern W1 und W2 jeweils ein Wandspiel und schließen mit einem Torschuss ab. Die Wandspieler werden regelmäßig durch die Spieler der Gruppe A abgelöst.

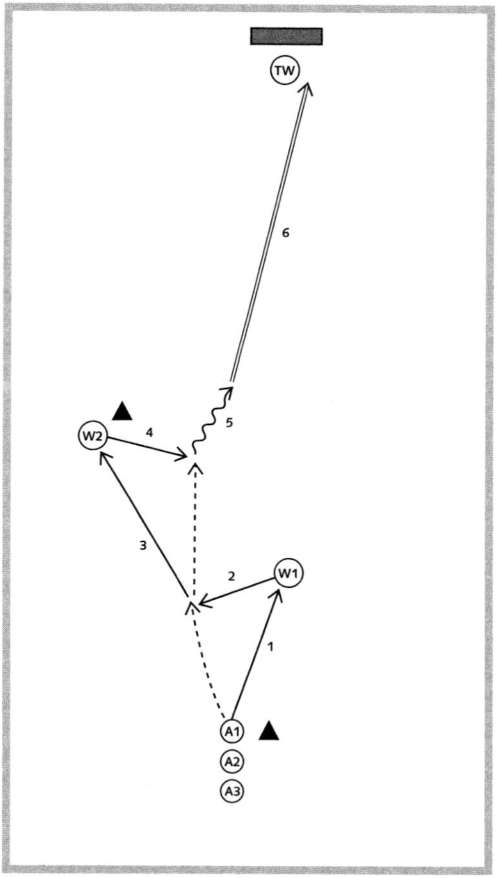

Torschuss-Wettkampf

A1 spielt einen langen Ball auf A2, der direkt quer zu ihm zurückspielt. A1 sprintet dem Ball entgegen und spielt in den Lauf von A2.

A2 schließt mit einem Torschuss ab.

Nun folgt B1 ebenfalls mit einem langen Ball auf B2. Jedes Tor wird gezählt. Welche Mannschaft hat als erste 10 Tore? Welche Mannschaft hat nach 10 Minuten die meisten Tore erzielt?

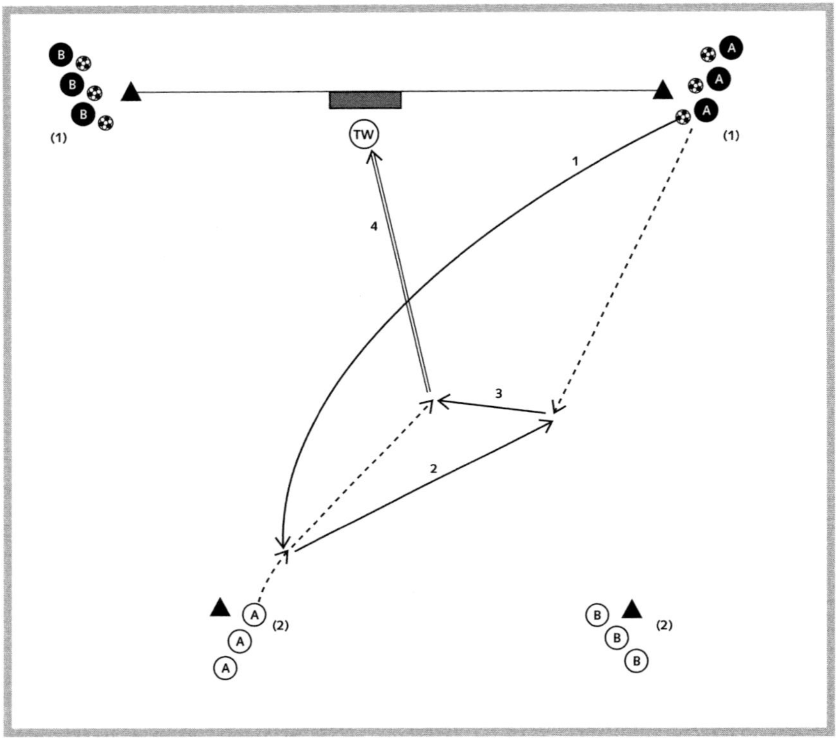

E) Schluss:

- Brenn-Fußball
- Spiel auf zwei große Tore – Tore außerhalb der Schusszone zählen doppelt (Belohnung von Weitschüssen).

Trainingseinheit T 4: Torschuss nach Kombinationsspiel

A) Einstimmen:

Aufwärmspiele: A 8 – Inselsuche und/oder A 10 Schütz deinen Ball

B) Aufwärmdrill:

Wandspiel mit zwei festen Wandspielern

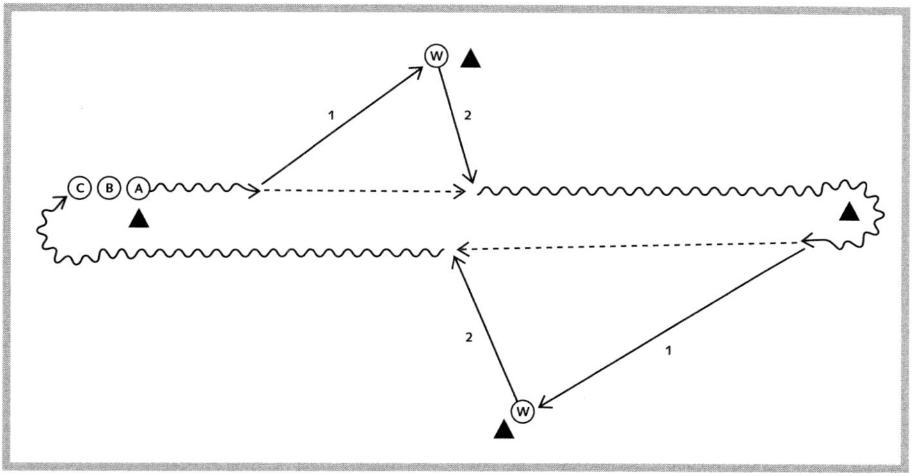

C) Koordinationstraining

Koordinationstraining mit Torschuss (vgl. Seite 106)

D) Hauptteil: Torschuss für Fortgeschrittene

Kombinationsform 1:

A spielt einen Pass zu B, der den Ball in den Lauf von A zurückspielt. B sprintet zum von A zugespielten Ball und schließt mit einem Torschuss ab. A stellt sich am Ende der Gruppe B an. B holt seinen Ball und stellt sich am Ende der Gruppe A an.

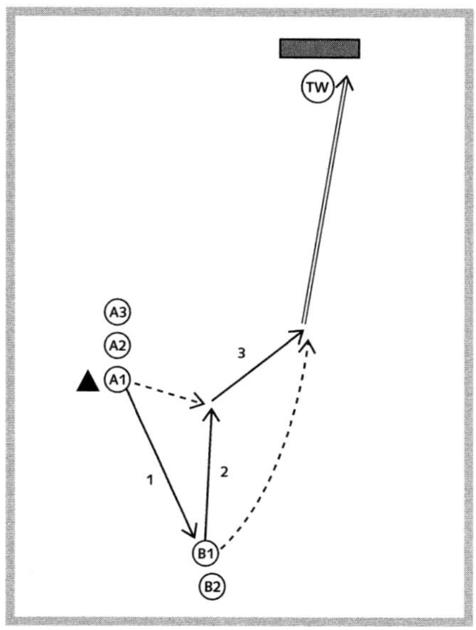

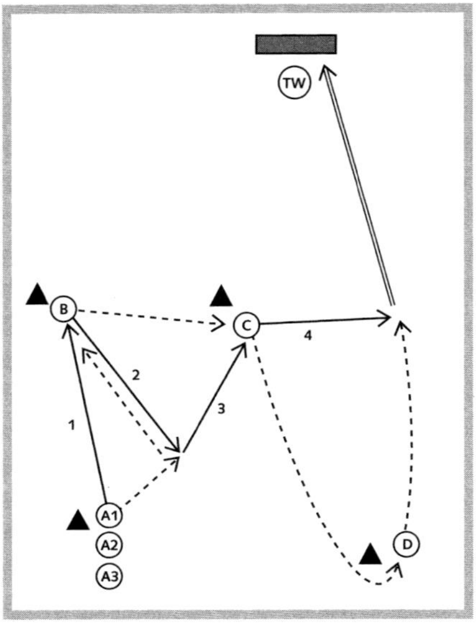

Kombinationsform 2:
A1 spielt ein Wandspiel mit B, spielt den Ball zu C und nimmt die Position von B ein. B sprintet nach dem Wandspiel zur Position C und erwartet den nächsten Pass. C spielt direkt in den Lauf von D, der mit einem Torschuss abschließt. D holt seinen Ball und stellt sich am Ende der Gruppe A an.

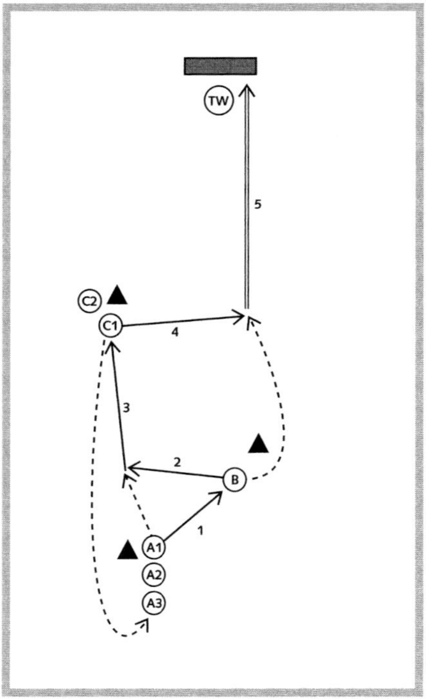

Kombinationsform 3:
A1 spielt ein Wandspiel mit B und passt direkt zu C. C spielt direkt in den Lauf von B, der um sein Hütchen sprintet und den Ball in vollem Lauf auf das Tor schießt.

A1 nimmt die Position von B ein. B holt seinen Ball, gibt ihn dem Spieler C, der sich seinerseits am Ende der Gruppe A anstellt.

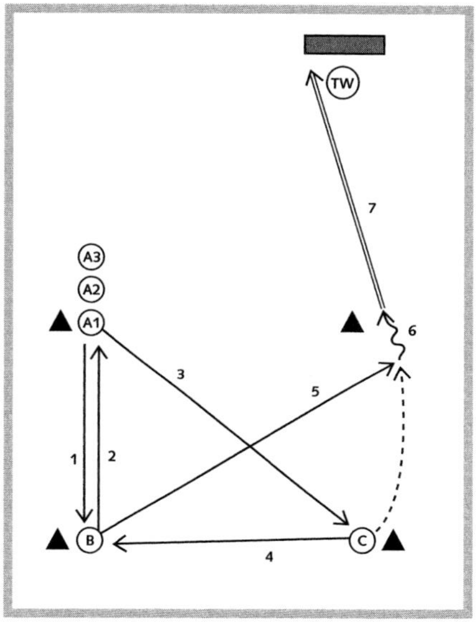

Kombinationsform 4:

A1 spielt zu B, der dem Ball kurz entgegenläuft und zurück zu A1 spielt.

A1 spielt den zurückkommenden Ball diagonal zu C, der ihn quer zu B spielt. B spielt den Ball direkt in den Lauf von C, der ihn kurz annimmt und auf das Tor schießt. Anschließend drehen die Spieler eine Position weiter:

A zu B – B zu C, und C holt seinen Ball und schließt sich am Ende der Gruppe A an.

E) Schluss: Blitzturnier

Das Blitzturnier fördert einen schnellen Spielaufbau und Torabschluss. Ballhalten und Spielverzögerungen werden durch das Regelwerk fast ausgeschlossen, denn nach der vorgegebenen Zeit haben beide Mannschaften verloren, wenn kein Tor gefallen ist. Spiel ohne Ballhalten und taktisches Geplänkel, schneller Torabschluss und ungeheure Dynamik, das sind die Kennzeichen für das Blitzturnier.

Turnierregeln:

- Die teilnehmenden Spieler werden in gleich starke Kleingruppen (3–4 Spieler) aufgeteilt.
- Die Mannschaften A und B beginnen mit dem ersten Spiel, während sich die restlichen Mannschaften (C, D, E, ...) in einer Wartereihe befinden. Wichtig ist, dass sich die Mannschaften, die ein Spiel verlieren, hinten ordnungsgemäß einreihen.
- Innerhalb einer vorgegebenen Spielzeit (1 bis 2 Minuten) versuchen beide Mannschaften ein Tor zu erzielen. Die Mannschaft, die dies in dieser Zeit als erste schafft, bleibt auf dem Feld und erhält einen Punkt. Der Verlierer stellt sich hinten an. Die erste Mannschaft der Reihe betritt das Feld und erhält den Ball.
- Gelingt es keiner der beiden Mannschaften, in der vorgegebenen Zeit ein Tor zu erzielen, müssen beide das Feld verlassen. Die beiden nächsten Mannschaften beginnen das nächste Spiel.
- Die Mannschaft mit den meisten Punkten, das heißt meisten Siegen, hat das Turnier gewonnen.

Tipps:

- Es ist auch interessant, die Mannschaft mit der längsten Siegesserie zu ermitteln und entsprechend zu würdigen.
- Bei der Mannschaftseinteilung sollte der Trainer besonders darauf achten, dass die Mannschaftseinteilung fair abläuft. Ist eine Mannschaft so überlegen, dass selbst nach einer Serie von mehr als fünf Siegen keine Ermüdungserscheinungen deutlich werden, dann sollte der Trainer diese Mannschaft zum Sieger des ersten Turniers erklären und ein zweites beginnen. Häufig regelt sich jedoch die Überlegenheit in den ersten Spielen dadurch, dass immer ein frischer Gegner auf das Feld kommt.
- Es hat sich bewährt, Markierungswesten in drei Farben – falls vorhanden – einzusetzen. Es spielt dann z. B. A (Rot) gegen B (ohne Markierungsweste). Auf der Bank sitzen dann die Mannschaft C (Grün) und D (Gelb). Es ist dann gleichgültig, ob eine Mannschaft das Feld verlassen muss oder beide. Dadurch sind ein schneller Mannschaftswechsel (ohne Zeitverzögerung durch An- oder Ausziehen von Markierungswesten) und somit ein schneller Spielbeginn gewährleistet.

Hallentraining

Die Durchführung des Trainings in der Halle ist bei vielen Trainern, die eine Mannschaft im Kinderfußball betreuen, nicht unbedingt beliebt. Sie gehen selbst während der Schlechtwetterperiode bzw. Wintermonate nicht mit ihren Spielern in die Halle. Diese Trainer beziehen sich vor allem auf die Probleme, die entstehen können, wenn sie mit größeren Trainingsgruppen in kleinen Hallen trainieren sollen. Sie sehen kaum Möglichkeiten, eine gezielte Fußballausbildung methodisch sinnvoll aufzubauen und zu gestalten, denn häufig steht ihnen eine kleine Halle für eine große Zahl an Trainingsteilnehmern zu Verfügung. Das Hallentraining erschöpft sich daher oft im Spielen, wobei nur wenige Spieler teilnehmen können und der Rest der Trainingsgruppe zuschauen muss.

Hallentraining hat organisatorisch-methodische Vorteile.

Dabei hat das Training in der Halle gerade im Kinderfußball neben der Unabhängigkeit von Wind und Wetter auch viele organisatorisch-methodische Vorteile und bietet nicht nur eine Ausweichmöglichkeit, sondern auch eine wertvolle Ergänzung zum Training auf dem Sportplatz. Die speziellen Rahmenbedingungen der Halle (Spielfläche, Hallenwand, Geräte usw.) lassen sich organisatorisch und methodisch geschickt in das Hallentraining einbeziehen.

Trainingseinheit H 1: Spieltraining in der Halle

A) Einstimmen:

Aufwärmspiel: A 13 – 100-Punkte-Dribbling

Dieses Spiel eignet sich besonders gut für die Halle. Nutzen Sie dazu kleine Kästen, auf denen die Spieler die Zahlen notieren können. Sehr empfehlenswert ist der Einsatz von Musik, die für eine zusätzlich gute Stimmung sorgt.

B) Aufwärmdrill:

Auf engem Raum bieten sich besonders Endlosformen an, die wenig Platz benötigen. Mit dieser Trainingsform lassen sich Pässe mit der Innenseite (mit Ballannahme/direkt), Kopfball, Werfen + Fangen oder Drop-Kick + Fangen üben.

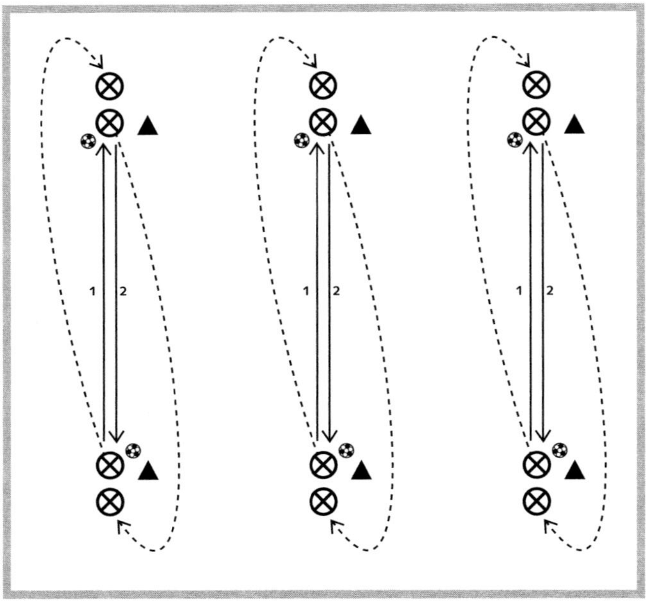

C) Koordinationstraining

In den meisten Hallen befinden sich Gymnastikreifen, die sich sehr gut zum Koordinationstraining mit Hampelmannaufgaben eignen. Als Anschluss-Aktion bietet sich Wurf + Kopfball nach dem Reifenparcours an.

D) Hauptteil: Kleine Spiele

Die folgenden Spiele nutzen den vorhandenen Raum kleiner Hallen sehr gut und ermöglichen den Einsatz vieler Spieler. Der Trainingsschwerpunkt liegt somit auf der spielerischen Verbesserung von Fußballtechniken.

- Hütchen abschießen (vgl. Seite 73/74)
- Billardfußball (vgl. Seite 72/73)
- Flachball für die Halle (vgl. Seite 76/77)

E) Schluss:

Spiel H 6 – Zonenfußball (vgl. Seite 77–79)

Trainingseinheit H 2: Stationstraining in der Halle

Die zweite TE zum Hallentraining richtet sich an die älteren Spieler, die ein Stationstraining mit einer möglichst hohen Intensität absolvieren, das den vorhandenen Hallenraum optimal nutzt. Der Schwerpunkt dieser TE liegt auf der Anwendung von Fußballtechniken (Passen, Kopfball, Torschuss, An- und Mitnahme) in Intervallform. Übungspausen ergeben sich durch den Wechsel von einer zur nächsten Station, sollten jedoch eine Minute nicht überschreiten («lohnende Pause»).

Die Trainingsphasen dieser TE bleiben erhalten. Nach einem Aufwärmspiel zum Einstimmen folgen der Aufwärmdrill und eine kurze Phase zur Verbesserung der Koordination. Nach dem Hauptteil endet das Training mit einem Blitzturnier (vgl. S. 182).

Hallenwand nutzen

Die Hallenwand stellt für Feldspieler und Torhüter einen idealen Spiel- und Trainingspartner dar. Sie hilft, wesentliche Grundlagen der Balltechnik zu schulen sowie Ballgefühl und Reaktionsvermögen zu entwickeln.

Umgekippte Turnbänke, Kastenoberteile, Kleinkästen usw. bieten weitere Variationsmöglichkeiten. Einige Spieler spielen an der Hallenwand auf ein halb hohes oder hohes Ziel, während die restliche Trainingsgruppe auf flache Ziele an Kleinkästen, umgekippten Turnbänken usw. spielt.

Nach einer bestimmten Zeit wechseln die beiden Gruppen ihre Aufgabenstellungen und ihre Übungs- und Spielstationen.

A) Einstimmen:

Aufwärmspiel: A 8 – Inselsuche (vgl. Seite 34)

Als Inseln können neben Reifen auch kleine Kästen oder Matten dienen.

B) Aufwärmdrill:

Der ebene Hallenboden bietet sich geradezu zu einem Drill mit Direktpässen an.

C) Koordination:

Schnelle Fußbewegungen in der Koordinationsleiter (vgl. Seite 100–105)

D) Hauptteil – Stationstraining

Der Organisationsrahmen ist in dieser TE einfach gehalten. Die Spieler wechseln gruppenweise von einer zur nächsten Station, haben jedoch jeder für sich eine Aufgabe, die sie mit ihrem Ball erledigen.

Station 1: Dribbling, Pass, An- und Mitnahme

Die Spieler dribbeln auf die Hallenwand zu. 2–3 m vor der Wand spielen sie ihren Ball gegen die Wand, nehmen ihm mit der Innenseite (Außenseite) an- und mit und dribbeln um ihr Hütchen.

Wenn die Wand für diese Übung nicht geeignet ist (z. B. große Fußleisten), sollten kleine Kästen oder umgedrehte Langbänke als Anspielstation dienen.

Station 2: Schuss aus der Hand gegen die Wand, Annahme mit der Brust

Diese Übung erfordert eine ebene Hallenwand, von der der Ball in der gewünschten Weise zurückprallen kann. Anfänger werfen ihren Ball gegen die Wand und nehmen ihn mit der Brust an.

(Variation: Annahme mit dem Kopf oder dem Oberschenkel)

Station 3: Dribbling im Kamm mit Torschuss

Der Kamm (vgl. Seite 118/119) bietet sich geradezu für das Hallentraining an, weil er viele Spieler gleichzeitig beschäftigen kann. In dieser TE verbinden wir den Kamm mit dem Torschuss. Anschließend dribbeln die Spieler im Kamm zurück zum Startpunkt. Ein Torwart ist dazu nicht unbedingt notwendig, könnte jedoch auch zum Einsatz kommen. Die Abstände zwischen den Dribblings sollten nicht zu knapp gewählt werden, damit die Spieler flüssig aus dem Dribbeln auf das Tor schießen können und nicht warten müssen, weil der Vordermann noch im Tor ist, um seinen Ball zu holen.

Station 4: Direktschüsse gegen die Wand (gegen Kästen)

Viele Pässe mit der Innenseite oder dem Spann sind möglich, wenn die Wand als Spielpartner genutzt wird. Je näher die Spieler zur Wand gehen, desto schneller müssen sie reagieren. Sie sollten auf jeden Fall mit rechts und links schießen.